Gott hat neunundneunzig Namen

Gabriele Mandel

Gott
hat neunundneunzig
Namen

Die spirituelle Botschaft
des Korans

Aus dem Italienischen
übersetzt
von Madeleine Windisch-Graetz

Pattloch

Anmerkung der Übersetzerin

Der Autor – Künstler, Psychologe und Mystiker – will mit diesem Buch keine
wissenschaftliche Arbeit vorlegen, sondern überzeugend in die islamische
Spiritualität, insbesondere in die sufische Mystik einführen.
Daraus und aus seiner afghanischen Abstammung, erklärt sich eine nicht
immer einheitliche Verwendung türkischer, arabischer und persischer
Termini bzw. deren Transliteration. Für Beratung und freundliche
Durchsicht danke ich Frau Mag. Kerstin Tomenendal, Wien.

Die Deutsche Bibliothek – CIP-Einheitsaufnahme

Mandel, Gabriele:
Gott hat 99 Namen: die spirituelle Botschaft des Korans/Mandel.
[Übers. aus dem Ital. von Madeleine Windisch-Graetz].
– Augsburg: Pattloch, 1997
Einheitssacht.: I novantanove nomi di dio nel corana <dt.>
ISBN 3-629-01510-7

Pattloch Verlag, Augsburg
© Weltbild Verlag GmbH, 1997
Umschlaggestaltung: Steinkämper/Lohmann, Igling
Satz: 11/14 p. Horley Old Style von Uhl + Massopust, Aalen
Druck und Bindung: Clausen & Bosse, Leck
Printed in Germany

ISBN 3-629-01510-7

Inhalt

Vorwort

Der Ausgang des zweiten Jahrtausends ist ein Zeitalter fundamentaler Umbrüche. Jahrtausendealte Kulturen werden zerschlagen. Die Menschen sind mobil geworden; Völkerschaften haben sich gemischt. Die letzte der großen Revolutionen, die Revolution in der Welt der Kommunikation, hat die Welt zu einem großen Dorf gemacht. Wissen ist an allen Orten verfügbar. Alle Kulturen existieren gleichzeitig und überall – oder gar nicht mehr. Auch die großen Religionen der Menschheit sind von diesem Schicksal nicht verschont geblieben. In traditionell christliche Gesellschaften sind mit Macht Praktiken und Lehren anderer Hochreligionen, insbesondere aus dem Fernen Osten, eingebrochen. Kritiker dieser Entwicklung beschreiben die Situation als „Supermarkt der Religionen", in dem der moderne Mensch sich nach eigenem Gusto auswählt, was ihm hilfreich erscheint.

In der Mitte der globalen Umbrüche ist der ortlose Mensch, herausgeschleudert aus geistigen Beheimatungen, hilflos der Flut an Information ausgeliefert. Und immer noch hat der Mensch die gleichen fundamentalen Fragen: Gibt es einen Gott? Was ist der Mensch? Wozu sind wir auf Erden? Wie handelt man richtig? Wir sind in der Zeit der großen Neuorientierung. Man kann diese Entwicklungen gut finden oder schlecht; es ändert nichts an den Tatsachen. Die großen Religionen sind auf dem Prüfstand und es wird ihnen das Geschick des Vergleiches nicht erspart bleiben, das schon Lessing in seiner Ringparabel so gültig beschrieben hat. Eine jede Religion wird nach dem Beweis des Geistes und der Kraft gefragt und danach gewogen werden. Daß verschwindet, was als zu leicht befunden wird, sollte nicht beklagt, sondern begrüßt werden.

Das Auftauchen fremder Religionen und Lehren im Herzen des christlichen Abendlandes ist ein geistiger Prozeß von äußerstem Ernst, wenn er auch im Kleid „geistiger Moden" daherkommen mag. War für eine Weile der Buddhismus en vogue, so verschaffte sich in jüngerer Zeit der Schamanismus und der Animismus der nordamerikanischen Indianer Gehör. Eine wiederum neue Welle stellt das plötzliche Interesse am Islam dar, wobei sich dieses Interesse mit einem gleichzeitig auftretenden Anti-Islamismus mischt. Für den Anti-Islamismus steht die Fundamentalismus-Kritik, die sich in den Vorgängen um den Schriftsteller Salman Rushdie fokussiert und den politischen Extremismus der Mullah-Regime im Blick hat. Obwohl man meinen müßte, daß sich mit dem Fundamentalismus-Phänomen der Blick auf den Islam gänzlich verdunkelt hätte, bricht sich doch langsam die Erkenntnis Bahn, daß die kriegerische und frauenfeindliche Seite des Islam nicht das Ganze der Wahrheit sein kann. Hinter dem Islam, dem das christliche Abendland beispielsweise die Gotik verdankt, muß mehr stecken als eine finstere Sklavenhalterkultur.

Die andere Seite des Islam entdeckt, wer sich beispielsweise ernsthaft und unvoreingenommen mit dem Koran auseinandersetzt, einer Herausforderung, der sich immer mehr Menschen unterziehen. Die christliche Rezeption dieses heiligen Buches einer Hochreligion, zu der sich im Augenblick weltweit über 400 Millionen Menschen bekennen, geschah über Jahrhunderte im Zeichen eines strikten Verdiktes, das sich historisch gesehen am krassesten in den von der christlichen Kirche initiierten Kreuzzügen artikulierte. Darin hat sich die Kirche eine Blutschuld aufgeladen, die abzutragen sie erst mit dem Zweiten Vatikanischen Konzil begann.

Mit der „Erklärung über das Verhältnis der Kirche zu den nichtchristlichen Religionen" wurde ein neuer Ton angeschlagen. Auch an den Christen ging die Erkenntnis nicht vorüber, daß in der Zeit des fundamentalen Gottesverlustes Christen mit Menschen, die an Gott glauben – gleich in welcher Religion – mehr zu tun haben als mit jenen, die Gottes Existenz leugnen. Es blieb nicht bei der vagen Bekundung einer transreligiösen Sympathie. Das Zweite Vatikanische Konzil würdigte sogar den Wahrheitsaspekt nichtchristlicher Religionen: „Die katholische Kirche lehnt nichts von alledem ab, was in diesen Religionen wahr und heilig ist. Mit aufrichtigem Ernst betrachtet sie jene Handlungs- und Lebensweisen, jene Vorschriften und Lehren, die zwar in manchem von dem abweichen, was sie selber für wahr hält und lehrt, doch nicht selten einen Strahl jener Wahrheit erkennen lassen, die alle Menschen erleuchtet (…). Mit Hochachtung betrachtet die Kirche auch die Muslime, die den alleinigen Gott anbeten, den lebendigen und in sich seienden, barmherzigen und allmächtigen, den Schöpfer des Himmels und der Erde, der zu den Menschen gesprochen hat. Sie mühen sich, auch seinen verborgenen Ratschlüssen sich mit ganzer Seele zu unterwerfen, so wie Abraham sich Gott unterworfen hat, auf den der islamische Glaube sich gerne beruft (…)."

Christliche Theologen gingen über die vorsichtigen Annäherungen des Konziltextes, in denen sich eine erste Lernbereitschaft äußert, noch hinaus. So fordert Louis Massignon, eine Pioniergestalt des interreligiösen Dialogs mit dem Islam, gar eine „geistige kopernikanische Wende" der Christen, die im Fremden ihr Eigenstes erkennen könnten. Massignon verglich die großen drei Religionen des Judentums, des Christentums und des Islam, in denen er ihre je eigenen Grunderkenntnisse hervorhob und sie in den Rang komplementärer Abrundung erhob. Israel, so Massignon, sei die Religion der Hoffnung, das Christentum die Religion der Liebe, der Islam aber die Religion des Glaubens.

Wenn es stimmt, daß die Krise des Christentums im Kern eine Gotteskrise ist, dann haben Christen allerdings Lernbedarf bei den Muslimen. Es gibt wahrscheinlich in keiner Religion auf dieser Erde einen solchen radikalen und ausschließlichen Gottesbezug wie im Islam. Die Wirklichkeit Gottes ist dort „alles", ein überstrahlendes Erstes, eine Priorität, die dem Westen sukzessive abhanden gekommen ist. Benedikt von Nursia wußte es noch: „Dem Gottes-Dienst soll nichts vorgezogen werden." Die muslimische Priorisierung Gottes als ein Heilmittel für den Atheismus im Christentum? Warum nicht? Islam bedeutet so viel wie „Hingabe". Sicher ist es diese Entdeckung der unbedingt notwendigen Hingabe an den Einen, aus dem wir alle sind, die Massignon meinte, als er dem Christentum eine kopernikanische Wende anriet.

Dieses Buch ist eine profunde Hinführung in die spirituelle Tiefendimension des Islam, indem es in den Koran einführt, mehr noch: indem es mit dem vergessenen, an den Rand gedrängten, manchmal unbequemen Gott bekannt macht. Dem Gott, der einer ist, unter welchem Namen, in welchen Sprachen und in welchen Gotteshäusern man ihn auch anruft. Die Weisheit der mystischen Muslime, der Sufis, sagt uns: „Ihn verstehen, heißt ihm nahekommen."

Der Verlag

Einführung in das Geheimnis
der Namen Gottes

Die muslimische Theologie kennt viertausend Namen Gottes, in denen sie die göttlichen Eigenschaften zur Sprache bringt. Tausend davon sind nur Gott bekannt; tausend Gott und den Engeln; tausend Gott, den Engeln und den Propheten; tausend Gott, den Engeln, den Propheten und den Gläubigen. Von diesen letzten tausend Namen finden sich dreihundert in der Thora, dreihundert in den Psalmen, dreihundert in den Evangelien und hundert im Koran. Von diesen hundert sind den einfachen Gläubigen neunundneunzig bekannt, während einer verborgen und geheim bleibt und nur für die erleuchtetsten Mystiker erfahrbar ist (vgl. letztes Kapitel).

Zu diesen neunundneunzig Namen sagt der Koran an verschiedenen Stellen (VII, 180; XX, 8; XVII, I,10): „Und Gott stehen die schönen Namen zu. Ruft ihn damit an und laßt diejenigen, die hinsichtlich seiner Namen eine abwegige Haltung einnehmen!" „Gott. Es gibt keinen Gott außer ihm. Ihm stehen die schönen Namen zu." „Sag: Ihr mögt zu Gott beten oder zum Barmherzigen. Wie ihr ihn auch nennt, ihm stehen die schönen Namen zu."

Der Prophet Mohammed sagte: „Es gibt neunundneunzig Namen, die nur Gott gehören. Derjenige, der sie erlernt, der sie versteht und aufzuzählen weiß, wird eintreten ins Paradies und das ewige Heil erlangen." Und der Mystiker Tosun Bayrak, Scheich des Sufiordens der Dscherrâhîyya, schreibt: „Die schönen Namen Gottes sind der Beweis für die Existenz Gottes. O ihr Menschen, die ihr euch von der Last und den Leiden der stofflichen Welt verzehren und verstören laßt, möge Gott bewirken, daß seine schönen Namen euren verwundeten Herzen lindernder Balsam werden. Erlernt, begreift und rezitiert die schönsten Gottesnamen. Sucht die Spuren dieser Attribute Gottes in den Himmeln, auf Erden und im Schönen, das in euch selbst liegt. So werdet ihr, je nach dem Grad eurer Aufrichtigkeit, Seelentrost finden. Mit Gottes Hilfe wird der

Zweifler Gewißheit erlangen, der Unwissende Kenntnis und der Leugner Bekennermut. Der Geizige wird großmütig, Tyrannen werden das Haupt beugen, die Glut im Herzen der Mißgünstigen wird erlöschen."

Und wirklich bringt die Meditation dieser göttlichen Wesensattribute Ruhe für die Seele, es flößt Vertrauen ein und bedeutet spirituelle Bereicherung. Das ist der Grund, weshalb es in der religiösen Praxis üblich ist, die Namen zu wiederholen und dabei den aus neunundneunzig (oder dreimal dreiunddreißig) Perlen bestehenden Rosenkranz durch die Finger gleiten zu lassen. Dieser Rosenkranz heißt *subha* auf Arabisch und *tesbih* (oder auch *komboloy*) auf Türkisch. Möglicherweise ist er auf den buddhistischen Rosenkranz mit seinen hundertacht Perlen zurückzuführen, der seit dem 4. Jahrhundert in Mittel- und Ostasien in Gebrauch ist; anderseits mag der muslimische zur Entstehung des katholischen Rosenkranzes angeregt haben, der gegen Ende des 12. Jahrhunderts in Gebrauch kam und später seine heutige Form erhielt.

Auch auf psychologischer Ebene ist erwiesen, daß das Gleiten der Perlen durch die Finger beruhigt, besänftigt und Angst und Spannung überwinden hilft.

Für den Islam ist das Wesen Gottes – seine Essenz – undefinierbar. Es geht hier um Wirklichkeiten, die dem menschlichen Geist unzugänglich sind: Ewigkeit, Einzigkeit, Unendlichkeit. Gott, die „allgegenwärtige Wirklichkeit" ist ein Absolutes, Unsichtbares. Dennoch entfaltet und zeigt sich das Wesen Gottes, indem es durch Eigenschaften, die ihm zugeschrieben werden (Attribute), benannt wird. Folglich ist jeder Name ein Symbol einer göttlichen Eigenschaft, ein Reflex der Wirklichkeit Gottes. Und doch steht Gott über allen Namen und Eigenschaften.

Der Name hatte bei den altsemitischen Völkern schon immer eine ganz besondere Bedeutung. Im Alten Testament redet Mose mit Gott und spricht: „Sie werden mich fragen: ‚Wie heißt er?' Was soll ich ihnen darauf sagen?" Beim Lesen der Thora wurde der Name Gottes *(Ihwh)* nicht ausgesprochen; statt dessen hieß es „*Ha schem*" (der Name). Und Jesus (Joh 17,6) sagte: „Ich habe deinen

Namen den Menschen offenbart, die du mir aus der Welt gegeben hast." Im Vaterunser heißt es „Geheiligt werde dein Name." Im Alten wie im Neuen Testament gibt Gott selbst den großen Propheten ihre Namen.

Im Islam waren es die „schönsten Namen" (al-Asmâ al-Husnâ, auch al-Asmâ al-Ilâhiyya), die besondere Untersuchungen und ein eigenes Kapitel der Theologie anregten und zu Diskussionen zwischen Theologen und Sektenanhängern über die Problematik und Bedeutung dieser Namen führten. Darüber soll im letzten Kapitel, nach der Betrachtung der neunundneunzig Korannamen, gesprochen werden.

Schließlich muß noch bemerkt werden, daß im Islam jede Abbildung Gottes streng verboten ist. Gott ist nicht darstellbar, im Gegenteil: Seine Wesenheit, der Ursprung jeglicher Existenz, liegt so hoch über allem menschlichen Begreifen, daß selbst der Versuch, ihn mit Worten zu erklären, nur ein formloses, unzulängliches Stammeln bleiben muß. In den Gebetsstätten sind auch die Abbildungen menschlicher und tierischer Wesen verboten, damit einfache Gemüter nicht in Versuchung kommen sollen, sie zu verehren. Darum enthält keine Koranausgabe Abbildungen oder Illustrationen, sondern nur geometrische, kalligraphische oder rankenförmige Verzierungen aus der Pflanzenwelt. Doch ist die westliche Auffassung irrig, wonach Bilder gänzlich unerlaubt seien. Viele persische, türkische und indische Miniaturen – um nur die wichtigsten Schulen mit ihren vielen zarten und einfühlsamen Meisterwerken anzuführen – bezeugen, daß die islamische Welt überreich an Darstellungen ist.

Jedenfalls ist es richtig, daß Kultur, Kunst und Bildung des Islam das Produkt nomadischer Völker (besonders Turkvölker) sind und daß der Nomade aufgrund seiner Lebensweise grundsätzlich bilderlos ist. In den beiden ersten Jahrhunderten arabischer Herrschaft war die islamische Kunst nur ein Anhängsel der Spätantike, also der byzantinischen, armenischen und frühchristlichen Kunst. Als dann türkische Populationen in den Westen des asiatischen, afrikanischen und in den europäischen Raum eindrangen, verschmolz ihre „Steppenkunst" mit der byzantinisch-armenischen, und gaben so dem Islam schließlich eine eigenständige Kunst, Kultur und Bildung. Die vorherrschende Bilderlosigkeit erklärt sich daher aus dem Geschmack des Nomaden, nicht aus einem Verbot im Koran, das dort nirgends erscheint.

Einen weiteren entscheidenden Beitrag zur Kultur des Islams leisteten die Völker Mittelasiens auf dem Gebiet der mystischen Spekulation, und zwar durch die Gründung verschiedener Richtungen und Bruderschaften, die alle reiche philosophische, literarische und dichterische Früchte trugen. Es sind dies die Sufischulen, die Schulen der Mystiker im Islam, auf die wir im folgenden noch häufig hinweisen werden.

Aus den oben angeführten Gründen pflegte man anstelle einer undurchführbaren „Darstellung" Gottes, „Gott" (im Arabischen *Allâh*) zu schreiben, und so erlangte die Kalligraphie als Bestandteil der typisch islamischen Dekorationskunst beachtliche Bedeutung.

Perser und Türken entwarfen Schönschriftblätter, die die ganze Kostbarkeit zeichnerischer Kunst enthielten. Von den Persern und Türken erlernten sie andere Völker, deren Werke aber nie die Bedeutung ihrer Lehrer erlangten. So wurden auch die „schönsten Namen" mit künstlerischem und religiösem Eifer hingebungsvoll kalligraphiert. In den dunklen Zeiten des Niedergangs, der auf die Kolonialherrschaft zurückzuführen war, machten die vom Osmanischen Reich abgeschnittenen Völker (arabische oder arabischsprachige, in geringerem Maß auch einige Völker Zentralasiens) die Religion zu Fanatismus und die Wissenschaft zur Magie. Sie benützten die „schönsten Namen" zu dieser Zeit als einfache Amulette, wie gewöhnliche Glücksbringer, und entleerten sie fast ganz ihrer tiefen Bedeutung und der ihnen gebührenden Verehrung.

Doch sind die „Gottesnamen" – die muslimische Exegese wies stets darauf hin – *nicht* Gott. Sie sind vielmehr eine einfache Bedeutungsgleichsetzung der göttlichen Wirklichkeit, soweit das unserer menschlichen Begrenztheit möglich ist. Auf unzulängliche Weise versuchen sie, seine Wesenheit, die für uns trotz seiner Wirklichkeit unsichtbar bleibt, zu versinnbildlichen. Dschalâl al-Dîn Davânî

(1427–1502) ein Philosoph der *Ischrâqî*-Schule, definierte im berühmten Kommentar zu Schihâboddîn Suhrawardî gerade den Namen als ein Hilfsmittel für das menschliche Verständnis, und als nichts anderes: „Sein Name, d.h. derjenige, der für seine Essenz bekannt ist, der Name, wie er in der philosophischen Praxis aufgefaßt wird, ist nicht das einfache Wort, das ihn bezeichnet! Sein Name herrscht über alle Intelligenzkreise." Dawwânî verwendete hier den Ausdruck „Kreis", womit er meinte, daß „die Intelligenzen alles einkreisen, was über ihnen liegt."

Jeder einzelne kann zur Erkenntnis Gottes gelangen, doch wird es immer nur eine Kenntnis nach menschlichem Maßstab sein, nicht nach göttlichem. So also steht es mit den Namen, die Gott, der ja über alles nicht von ihm Gedachte erhaben ist, nicht gerecht werden können. Diese Namen sind dem Menschen, und nur ihm, hilfreich, denn sie erfüllen eine doppelte Funktion: Zum einen bezeichnen sie den Weg der Annäherung an Gott und helfen, die transzendente Identität Gottes, des Schöpfers der ganzen Schöpfung und folglich auch der Namen selbst, die ihn aber dennoch nicht enthalten können, so gut als möglich zu erfassen. Zum anderen weisen sie den Weg der Besserung: Im Wunsch, Gott zu begreifen, bleibt dem Menschen nur der Versuch, die göttlichen Eigenschaften auf sich anzuwenden. Die Meditation der Namen oder deren „Gedenken", das die Sufis *dhikr* nennen, ist daher ein Weg der Verwirklichung der eigenen Person hin zum vollkommenen Mensch *(al-Insân al-Kâmi)*.

So gelangen wir z.B. bei der Betrachtung einer Eigenschaft Gottes, die durch den Namen **al-Rahmânu** (Der Barmherzige) symbolisiert wird, dazu, daraus das Erbarmen zu begreifen und selbst barmherzig zu werden. Von einer solchen Betrachtungsweise kann man zu einer erweiterten gelangen: Die vorzügliche Eigenschaft und die Essenz seiner göttlichen „Identität" ist das Schöpfertum. Wir leben dieses irdische Leben, um eine der Eigenschaften, einen der Aspekte Gottes zu erfahren „Ihn verstehen heißt, ihm nahekommen", schrieb der Sufilehrer Nûr al-Dîn Isfarâyinî, (1242 – ca. 1317). Dank dieser unmittelbaren Erfahrung erkennen wir aber durch das „Leben" in seiner Schöpfung auch seine Schöpfereigenschaft.

Der Umstand, daß der Koran die Einzigartigkeit Gottes, dem nichts anderes gleicht, betont, führt zu den folgenden fünf Attributen Gottes:

Qidam: Er ist vor allem Vorigen. Er ist der „Nicht Gekommene", der „Immer Gewesene".

Bâqî: Er ist nach dem Nachher, er wird immer sein.

Wahdâniyya: Er ist einzig, ohne Gefährten, die ihm gleichen, er ist der Ursprung von allem. Alles bedarf seiner, er bedarf nichts.

Muhâlafatun lil-hawâdith: Er ist der Schöpfer, er gleicht dem von ihm Geschaffenen nicht. Er ist der Schöpfer (**al-châliqu**) aller Dinge, der absolute Schöpfer-Erfinder (**al-Badî'u**).

Qiyâm bi-nafsihi: Er ist der aus sich selbst Bestehende, der nichts benötigt. Er ist der Offenkundige (**al-Zâhiru**) und der Verborgene (**al-Bâtinu**).

Diese Attributzuschreibung führte zu einer Reihe eingehender Untersuchungen unter den gelehrten Theologen der verschiedenen Schulen sowie zu Disputen zwischen Theologen und Mystikern, den Sufis. Wir müssen daher etwas ausholen, um den Gottesbegriff im Islam zu erläutern.

Die traditionelle Gottesgelehrtheit ist *'ilm al-Kalâm* oder *'ilm al-Tawhîd.* Die wichtigsten Schulen (mit den Omajaden) waren die *Murdschi'îten, Qâdirîten, Dschabbârîten;* dann vor allem die *Mu'tazilîten;* schließlich seit dem 10. Jahrhundert die *Asch'arîten* und die *Hanafîten (Mâturîdîten).* Die Theologie befaßte sich mit der Wissenschaft des *Hadith,* den Reden des Propheten Mohammed, und mit der Wissenschaft des *tafsîr,* der exegetische Auslegung.

Der *Tawhîd* beruht im wesentlichen auf der Existenz Gottes *(Wudschûd Allâh)* und auf den Attributen Gottes *(sifât Allâh),* die wiederum auf dem Verhältnis zwischen Essenz und Attributen, auf dem Verzeichnis der Attribute sowie auf den kontroversen Attributen gründen, schließlich auf den mehrdeutigen Versen, die ein menschenähnliches Gottesbild vermittelten *(mutaschâbih).*

Natürlich liegt allem die Existenz Gottes zugrunde, die in dem einen Dogma *Lâ illâha illâ llâh* (Gott – es gibt keinen Gott außer ihm!) ausgedrückt wird.

Die Liste der Attribute ist allgemein anerkannt, nur ihre Inhalte werden noch zu erörtern sein. Wir haben es mit folgenden vier Attributgruppen zu tun: Erstens mit den Attributen der Essenz *(sifât al-Dhât)*, die die von der Essenz nicht unterschiedene Existenz betreffen. Zur zweiten Gruppe zählen einerseits die essentiellen oder Wesensattributen *(dhâtî oder nafsî)*, die oft in „negative" Attribute unterschieden werden und die göttliche Transzendenz betonen (z.B. Ewigkeit, Unvergänglichkeit, Selbstbeständigkeit) und andererseits Eigenschaftsattribute *(ma'âmî)*, die der Essenz einen Begriff wie Macht, Wille, Wissen, Leben, Sprechen, Hören, Sehen oder Wahrnehmen hinzufügen. Die dritte Gruppe besteht aus den entitativen *(ma'nawiyya)* oder hauptwörtlich gebrauchten Attributen *(ma'ânî)*, etwa „der Allmachthabende", „der Wollende", „der Wissende". Die vierte Gruppe beinhaltet die Wirkattribute *(sifât al-Af 'âl)*, die eine „Möglichkeit" Gottes, wie die Schöpfung, Fügungen und jede Art von Bestimmung, bezeichnen, die er bewirken kann, aber nicht immer bewirkt.

Weiter können einige Attribute, da sie eine Eigenschaft ausdrücken und dadurch zu affirmativen Attributen werden, auch deren Gegenteil verneinen (negative Attribute). Einige Gottesnamen, die seine Eigenschaften bezeugen, können verschieden nuancierte Interpretationen zulassen, wie bei den einzelnen Fällen noch zu sehen sein wird.

Was die mehrdeutigen Verse *(mutaschâbih)* anbelangt – insbesondere jene, die von „Gottes Angesicht", „Gottes Auge" und vom „thronenden Gott" sprechen – nahmen verschiedene Schulen, vor allem in der Frühzeit, die Vermenschlichung Gottes wörtlich und leugneten jede Möglichkeit einer Deutung. Das war die Zeit, in der die Theologie noch in den Händen der Araber lag, worunter die Bewohnern der arabischen Halbinsel zu verstehen sind. Die übrigen Völker waren zwar arabophon, also arabisch sprechend, aber nicht arabisch im ethnischen Sinn. (Man beachte z.B., daß die Algerier eine Mischung aus Mauren, Vandalen und in geringerem Maß aus Griechen und Römern sind, wobei der Anteil an arabischem Blut so gut wie bedeutungslos ist.)

Die Ankunft der Türken und Perser, die gebildeter waren und aus jahrtausendealten Kulturen schöpften, bedeutete einen beachtlichen Fortschritt in der Theologie und man kam zu erleuchteten, oft esoterisch verschlüsselten Interpretationen der Worte des Korans. Die Schiîten leugneten später die Zuverlässigkeit der Hadithe, also der Aussprüche Mohammeds gänzlich.

Ein wichtiges Problem in der muslimischen Theologie war die Frage nach den „Handlungen Gottes", worüber heftige Auseinandersetzungen hinsichtlich der Willensfreiheit, wie sie die Mu'tazilîten verkündeten, und der „vollkommenen Willkür Gottes", wie sie die Asch'arîten vertraten, entbrannten. Dies wurde in zahlreichen Pro- und Kontraschriften niedergelegt und führte zur Entstehung vielfach verzweigter Schulen.

Insgesamt brachte das die gesamte islamische Theologie auf den Weg der Spekulation, es entstanden voneinander abweichende Schulen und oft divergierende Auffassungen. Die Hauptströmungen waren die theologischen Richtungen der Sunniten, der Ismâ'îlîten, die *falsafa* (Philosophie), der *kalâm* und der *tasawwuf* (Sufismus).

Zur ismâ'îlîtischen Theologie – jener Richtung, die sich vielleicht mehr als alle anderen von der Tradition unterschied – gehört der Weg der Châridschîten und der Schiîten, worin sich traditionelle Theologie, Neuplatonismus und hauptsächlich aus dem Iran stammende Philosophien vermengten. Der Schwerpunkt lag hier auf dem unergründlichen Geheimnis Gottes. Er reichte bis zum Emanationssystem al-Fârâbîs (für den es eine Mittlerschaft des universalen Intellekts gab) und beruhte – unter reichlicher Verwendung allegorischer Interpretationen der Koranverse – auf einem gnostischen Begriffsgebäude.

Die *falsafa* (Philosophie) untersuchte in positivistischem Sinn jene Fragen, die den Gottesbegriff betreffen, und das mit deutlich aristotelischen und neuplatonischen Ableitungen (Gott ist der Gedanke, der sich selbst denkt; Er ist das höchste Gute, das sich notwendigerweise selbst liebt). Wir haben somit einen Islam, der durch Verstandestätigkeit einerseits und Intuition anderseits zu Gott gelangt, wie es Avicenna aus Buchara, im Abendland hauptsächlich als Arzt bekannt, darlegte. Natürlich wurden die Philosophen *(falâsifa)* von den traditionalistischen Theologen bekämpft.

Der *kalâm* war in gewisser Hinsicht eine bewußte Reaktion der sunnitischen Theologen auf die Philosophen. Ihre zwei wichtigsten Schulen waren die der Mu'tazilîten und der Asch'arîten, die sich – mit tiefschürfenden Erörterungen, scharfsinnigen Argumenten und überreichen Byzantinismen – vor allem von der buchstabengetreuen Auslegung des Korans, wie sie für die sogenannten „alten Frommen" *(salaf)* charakteristisch war, entfernen wollten, obgleich sie äußerlich der Tradition verbunden blieben.

Der Sufismus *(tasawwuf)* ist der diamantene Kern, der innerste Inhalt der islamischen Mystik. Die größten Denker, Gelehrten und Dichter waren Sufis. In der totalen Hingabe an den einzigen Gott verwirklichten sie in absoluter Freiheit die wichtigsten Werte ihrer eigenen Persönlichkeit. Dies geschah nicht ohne, oft sogar gewaltsame Gegnerschaft von seiten der Theologen, wie es das Schicksal des Märtyrers al-Hallâdsch zeigt, der 922 in Bagdad von den Traditionalisten ermordet wurde. Die Sufis organisierten sich in Bruderschaften und gewannen auch auf die Politik der einzelnen muslimischen Nationen Einfluß. Im wesentlichen beruhten die Hauptrichtungen der mystischen Gottessuche auf zwei Begriffen: Auf der Einheit der Zeugnisse *(wahdat al-Schuhûd)*, die vom Sufi in der Liebesvereinigung mit Gott ausgedrückt wird, und auf der Einsheit allen Seins *(wahdat al-Wudschûd)*, wonach nichts existiert außer Gott. So streben die Mystiker allein zu Gott, bis zur letztendlichen Vereinigung.

Wir wollen nun die neunundneunzig Namen und ihre Bedeutungen betrachten. Dabei folgen wir der orthodoxen und verbreitetsten Aufzählung. In der Folge werden aber noch Varianten anderer Listen zu nennen sein.

Die Namen von 2–14 erscheinen in der Reihenfolge, in der sie im Koran genannt werden (LIX,22–24):

„Er ist Gott, außer dem es keinen Gott gibt, der über das, was verborgen, und was allgemein bekannt ist, Bescheid weiß. Er ist es, der barmherzig und gnädig ist. Er ist Gott, außer dem es keinen Gott gibt; der hochheilige König, das Heil; der Sicherheit und Gewißheit gibt, der Mächtige, Gewaltige und Stolze. Gott sei gepriesen! Er ist erhaben über das, was sie beigesellen. Er ist Gott, der Schöpfer, Erschaffer und Gestalter. Ihm stehen die schönen Namen zu. Ihn preist, was im Himmel und auf der Erde ist. Er ist der Mächtige und Weise."

Die folgenden Namen hingegen wurden der besseren Merkbarkeit wegen nach Gleich- und Wohlklang zusammengefaßt. Die Namen von 21 (**al-Qâbidu**) bis 26 (**al-Mudhillu**) finden sich nicht wörtlich im Koran, werden jedoch traditionsgemäß aus Wurzeln, die im Koran vorkommen, entnommen. Sie stehen einander paarweise, entweder als Gegensätze oder als Wechselbeziehung, gegenüber.

Weiter gibt es eine Unterscheidung zwischen den „Namen der Essenz" *(Asmâ Dhâtiya)*, wie „der Eine", „der Heilige", „der Unabhängige", die die göttliche Transzendenz ausdrücken und in direkter Beziehung zur Wesenheit Gottes stehen, und den „Namen der Eigenschaften" *(Asmâ sifâtiya)*, wie „der Barmherzige", „der Großmütige", „der Friede", welche die göttliche Immanenz und Transzendenz aussagen. Zu diesen letzteren kommen noch die „Namen des göttlichen Wirkens" *(Asmâ af 'âliya)*, wie „er, der das Leben gibt", „er, der den Tod gibt".

Es ist zu bedenken, daß die direkte Übersetzung eines Namens in eine andere Sprache oft Schwierigkeiten bereitet. Dank der lexikalen Ausdrucksfülle der arabischen Sprache können die aus den Wurzeln abgeleiteten Begriffe manchmal Nuancen aufweisen, die nur schwer in andere Sprachen und Bedeutungen, geschweige denn in genaue Sinnentsprechungen, zu übertragen sind; sie bilden oft sogar einen Gegensatz.

Abschließend noch eine letzte Bemerkung. Am Ende des Kommentars zu jedem einzelnen Namen habe ich angeführt, welcher Name entsteht, wenn man den Ausdruck *'abd* (Knecht, Sklave, Frommer) voranstellt. Aus *'abd al-Allâh* entsteht zum Beispiel Abdullâh, der „Knecht Gottes". So ergibt sich eine Liste der neunundneunzig Namen, die Neugeborenen am häufigsten verliehen werden, in der Hoffnung, der Name möge ihr Verhalten beeinflussen und sie bei ihren menschlichen Handlungen hier auf Erden an eine Wesenseigenschaft Gottes erinnern.

Traditionsgemäß wird nach der Aufzählung der Namen der Satz gesprochen *Dschalla Dschallâluhu wa taqaddasat 'Asmâ 'uhu:* („Seine Herrschaft werde verkündet und seine Namen werden geheiligt.")

Mit einer anderen Formel, der sogenannten *basmala*, beginnt jede Koransure (mit Ausnahme der neunten), und auch jede Handlung eines guten Muslims: *Bismi l-Lahi al-Rahmâni al-Rahîmi.* Bismi (arabisch *bsm*) soll bedeuten: *bahâ* (Schönheit), *sanâ* (Größe), *mamlaka* (Herrschaft).

„Im Namen Gottes" kommt auch oft in der jüdischen und christlichen Liturgie vor (Ps 20,8; 118,10–12; 124,8; Mt 23,39; usw). Für die alten semitischen Völker war der „Name" der Benannte selbst. So hat Gott einen Ort gewählt, „indem er dort seinen Namen wohnen läßt" (Dt 12,11; 16,2 und 6). „Vor diesem herrlichen und furchterregenden Namen", wird in Dt 28,58 gesprochen.

Für die Muslime hat der Name jeder Sache einen besonderen Stellenwert, gemäß der Koranstelle II,31–33: „Und er lehrte Adam alle Namen. Hierauf legte er sie den Engeln vor und sagte: ,Tut mir ihre Namen kund, wenn ihr die Wahrheit sagt!' Sie sagten: ,Gepriesen seist du! Wir haben kein Wissen außer dem, was du uns vermittelt hast. Du bist der, der Bescheid weiß und Weisheit besitzt.' Er sagte: ,Adam! Nenne ihnen ihre Namen!' Als er sie ihnen kundgetan hatte, sagte Gott: ,Habe ich euch nicht gesagt, daß ich die Geheimnisse von Himmel und Erde kenne? Ich weiß, was ihr kundgebt, und was ihr verborgen haltet.'"

Diese *basmala*-Formel wird in der ganzen islamischen Welt am meisten verwendet. Man findet sie auf Miniaturen und in jeder anderen Art von Malerei, besonders aber in kalligraphischen Darstellung in der Keramik. Sie wird mit allen künstlerischen wie handwerklichen Techniken der Bildhauerei ausgeführt. Eine eigene Art von Exegese arbeitete dafür exoterische und esoterische Theorien aus, wobei von dem Punkt ausgegangen wurde, der im Arabischen den Buchstaben *b* kennzeichnet (vgl. Tafel Anhang). Hier ist aber nicht der Ort, im einzelnen auf die basmala einzugehen. Kehren wir zum Hauptthema des Buches zurück.

Noch einige Anmerkung zur richtigen Lesung der Namen. Die Namen werden mit dem Artikel *(al)* angegeben, der – den sogenannten Mondbuchstaben vorangestellt (a, b, dsch, h, ch, ' , f, q, k) – unverändert ausgesprochen wird; steht er aber vor den Sonnenbuchstaben (t, th, d, dh, r, z, s, sh, s, l, n), so wird das *l* zum Sonnenbuchstaben selbst (Beispiel: al-Schamsu, die Sonne, wird gelesen als asch-Schamsu). Weiter gibt es Fälle mit der Nominativendung (u). In der Umgangssprache werden die Vokalendungen der Deklinationen (Nominativ: u; Akkusativ: a; Genitiv: i) nicht mitgelesen; bei der Rezitation der Namen Gottes hingegen wird das Nominativ-u ausgesprochen. Diese Regel wird jedoch nicht immer konsequent eingehalten.

1

ALLÂHU

Gott

Gebildet aus dem Artikel *al* und *Ilâhu (Gott)*. Durch Zusammenziehung
nach einer Gewohnheitsregel wurde aus *al-Ilâhu Allâhu*.
In der Mehrzahl (*âlliha:* die Gottheiten) kam die Bezeichnung schon
in der vorislamischen arabischen Dichtung als unpersonaler
göttlicher Name vor.

Die Ähnlichkeit von *Allâh* mit dem hebräischen *El* (etwa in *El-
okim:* Gott, der Gerechte) wurde oft bemerkt. Andere dagegen
meinten, es könne vom aramäischen *Alâhâ* abgeleitet sein. Als Got-
tessilbe ist *Il (El, Elim)* in allen semitischen Sprachen zu finden,
etwa in *Israel* (Gottesstreiter), *Immanuel* (Gott mit uns), *Bâb-El*
(Pforte Gottes). In der Bibel beginnt dies bei: „Dort errichtete er
(Jakob) einen Altar und nannte ihn: Gott, der Gott Israels" (Gen
33,20) und geht bis zum Aufschrei Jesu am Kreuz: *Elî, Elî, lemâ
sabachtanî* (Mt 27,46), was im Aramäischen bedeutet: „Mein Gott,
mein Gott, warum hast du mich verlassen?"

Der Gott der Juden wird auch *Elohim* genannt. Besonders die
Namen der vorislamischen südarabischen Gottheiten enden mit *Il*.
In Mekka kannte man jedenfalls schon vor der Geburt des Prophe-
ten Mohammed eine als *Allâh* bezeichnete Gottheit. Muslimische
Schriftgelehrten entwickelten rund um diesen Namen im Laufe der

Jahrhunderte eine Fülle von Auslegungen. So kennt man insgesamt noch zehn andere Ableitungen. Einige Gelehrte berufen sich auf die Wurzel 'lh (anbeten; wiederum abzuleiten aus der Wurzel *lyh lâha*: erhaben, verborgen sein) – eine Ansicht, der man vor allem in der Schule von Basra anhing. Andere wollen den Namen aus lâha (erschaffen) verstehen, wieder andere aus '*wl* und '*yl* (Vorrang). Abû al-Baqâ 'al-Kaffawî war der Ansicht, *Allâh* sei aus dem Pronomen *ha'* (Mehrheit) und der besitzanzeigenden Nachsilbe *lâm* entstanden.

Jedenfalls ist die oft vertretene Ansicht, *Allâh* sei nur der spezifisch muslimische Name für Gott, falsch. *Allâh* muß man generell mit Gott übersetzen.

Der menschliche Versuch, Gott zu begreifen, bleibt naturgemäß fragmentarisch. Zwischen Gott und Mensch gibt es eine unüberwindliche Schranke. Das Verstehen Gottes umfaßt die Dimensionen von *tawhîd* und *sifât-Allâhf. Tawhîd* ist die „göttliche Einzigkeit", die auf Gottes Existenz beruht *(wudschûd Allâh).* Der *sifât-Allâhf* ist die Aufzählung der Attribute Gottes, ohne deshalb eine „Körperlichkeit" Gottes zu vertreten *(mudschassima,* auch verächtlich *haschwiyya* genannt). Man darf daher nie in den schweren Fehler verfallen, Gott mit seinen Geschöpfen zu vergleichen. Dieser Irrtum, der sogenannte Anthropomorphismus, wird als *taschbîh* bezeichnet. Man muß vielmehr zum *tanzîh* vordringen, zu der Feststellung, daß Gott weder körperlich noch Substanz *(dschawhar),* weder zufällig noch ortbar ist. Tatsächlich ist Gott *bilâ kayf wa lâ taschbîh,* das heißt er ist ohne Auslegung und ohne Vergleich. Letztlich ist Gott Geheimnis *(ghayb);* er ist unergründlich.

Die Sufis, die auf dem schwierigen Weg der Vereinigung mit Gott die tiefgründigsten Gedanken im Islam zum Ausdruck brachten, sahen in der gnostischen Gedankenwelt des griechischen Philosophen Plotin (gest. 270) das Zeugnis eines Sufis noch vor der Zeit des Prophetenwortes. So sagte 'Omar Ibn Fâridh (1118–1235) im *Al-Chamriya:* „Wir tranken von diesem Wein noch ehe die Rebe gepflanzt war." Plotin sagt in den ihm zugeschriebenen *Enneaden* (V,3; 14) über Gott: „Warum aber sprechen wir von ihm? In Wahrheit sagen wir nur etwas von ihm, aber wir sagen nichts über ihn aus und von ihm besitzen wir weder Kenntnis noch Gedanken. Wie können wir also von ihm sprechen, wenn wir ihn nicht besitzen? Es ist wahr: wir besitzen ihn nicht durch die Vernunft, wir besitzen ihn nicht vollkommen; doch besitzen wir ihn so, daß wir über ihn, wenngleich auf unzulängliche Weise, sprechen können."

Der Mensch kann also zur inneren Schau von Gottes Ewigkeit, Einheit und Vollkommenheit gelangen. Gott erscheint weder unserem Auge in seinem vollen Wesen, noch unserem Verstand, mag dieser noch so erleuchtet sein. Dennoch ist Gott noch im kleinsten Teilchen des Unendlichen der absolut Gegenwärtige. Die Welt der Phänomene, die wir wahrnehmen und über die wir genaue Kenntnis haben, versinkt ins Nichts gegenüber einem Gott, der die einzige Wirklichkeit und Evidenz ist (obgleich wir ihn nicht einmal adaequat erkennen können). Vielleicht ist die Betrachtung der unzähligen Gesetze, die das komplexe und verflochtene Leben des Universums regeln, die beste Art, ihn als wirklich zu begreifen: Es sind vollkommene Gesetze, die die Materie, aus der das Universum besteht, niemals aus sich hätte hervorbringen können. Der Koran – und der ganze Koran ist schließlich Gott gewidmet – versucht, davon ein Bild zu geben.

'ABD – AL-LÂH (Abdullâh). Dieser Name will seinen Träger an Gottes Einheit und Einzigkeit erinnern. Der „Knecht Gottes" sollte an die Wohltaten denken, die Gott ihm ständig gewährt, indem er sich in ihm mit all seinen Attributen kundtut.

2

al-RAHMÂNU
Der Barmherzige

Aus der Wurzel *r-h-m* (mitleidig, gütig, milde, barmherzig sein).
Außer in der Formel „Im Namen des barmherzigen und gnädigen Gottes",
die, mit Ausnahme der neunten, am Anfang jeder Sure steht
ohne jedoch Teil derselben zu sein, kommt dieser Name im Koran
hundertachtmal vor, z.B. I,3; II,163; XX,90; XLI,2; LVII,29; LIX,2.
Eine Ausnahme bidet die erste Sure, deren erster Vers aus
dieser Formel besteht.

Al-Rahmânu und der folgende Name, al-Rahîmu, entstammen beide derselben Wurzel. Der Name al-Rahmânu deutet auf Gott, den Barmherzigen, hin, und zwar in dem Sinn, daß Gott Erbarmen übt, während al-Rahmânu das göttliche Erbarmen als eine der wesentlichsten Eigenschaften Gottes betont.

In diesem Zusammenhang kann man auch an die hebräische Formel *rachun w chanun* denken: „Jahwe ist ein barmherziger und gnädiger Gott" (Ex 34,6). *Rahmân* (der Barmherzige) bezeichnet in hebräisch-sabäischen Inschriften den Gott des Monotheismus. Bei al-Ghazzâlî hingegen ist „der Barmherzige" ein Name, der ausschließlich Gott zukommt, da nur er den absoluten Willen zum Guten hat *(iradat al-Chair)*. So sagt auch der Koran (VII,156): „Aber meine Barmherzigkeit kennt keine Grenzen." Für den Menschen kann sich Barmherzigkeit nicht auf Mitleid oder *pietas* beschränken. Wahre Barmherzigkeit besteht darin, die Not der Leidenden zu beheben. Gottes Barmherzigkeit ist unerforschlich. So sagte ja der Prophet: „Wenn jemand ohne Notwendigkeit Gottes Erbarmen anruft, läuft er Gefahr, sich vielmehr seinen Zorn zuzuziehen."

Darum schrieb Ibn-al-'Arabî in *Die Weisheit des Propheten*: „Das Erbarmen, das Gott seinen Geschöpfen gewährt, ist die Essenz seiner Namen selbst: Es ist die reine Barmherzigkeit, so wie eine erlaubte Speise und eine natürliche Freude, die kein Tadel befleckt, rein sind. Es ist eine aus seinen Namen hervorgehende Barmherzigkeit, die nicht nur einem erhabenen Verstand zugänglich ist; sie ist wie eine Medizin, die bei der Einnahme vielleicht unangenehm schmeckt, dann aber Heilung bringt (…). So beschenkt Gott seinen Knecht mit dem Namen **al-Rahmânu**, und die Gabe ist von jeglicher Befleckung frei, mag auch derjenige, der sie empfängt, oder mögen seine Vorhaben befleckt sein."

'ABD-AL-RAHMÂN. Wer diesen Namen erhält, wird dazu angehalten, die schöpferische Barmherzigkeit Gottes in seinem Leben zum Ausdruck zu bringen und nach eigenem Vermögen gut zu sein. Dieser Name deutet den Spruch des Propheten: „Gott hat den Menschen in der Form seiner Barmherzigkeit geschaffen."

3

AL-RAHÎMU
Der Gnädige

Im Koran kommt dieser Name, außer in den vorher erwähnten Stellen, noch zweiundachtzigmal vor, darunter in I,3; II, 163; XX,90; XLI,2; LVII,29.

Gott hat, da er Gott ist, die Schöpfereigenschaft. Seine Schöpfung aber hat in sich selbst Anteil an seiner Barmherzigkeit. Daraus folgerten einige Theologen: „Sein Erbarmen *(rahmâniyya)* bewirkt, daß alles Geschaffene für das Menschengeschlecht geschaffen wurde." Das ist natürlich eine Einengung der göttlichen Identität, kann aber den Aspekt der diesem Namen innewohnenden „Gnade" verdeutlichen. Andere Theologen unterschieden zwischen einer Präsenz Gottes als **Rahmânu** in der sichtbaren und als **Rahîmu** in der geistigen Welt *(mudschâhid).* Das kann so weit gehen, Gott mit der Anrufung „O **Rahmânu** dieser Welt und **Rahîmu** der jenseitigen!" zu bitten.

Jedenfalls führt die göttliche *rahmâniyya* den Menschen auf Erden zu Großmut und befähigt ihn, indem er seinen Stolz überwindet und gute Werke tut, Mitleid zu empfinden. Vor allem aber veranlaßt sie ihn, andere Menschen weder zu schädigen noch zu vernichten. Das heißt auch, daß man Undank ertragen und auf jede Art von Überheblichkeit, Prahlerei oder Großtun mit seinen guten

Taten verzichten muß, denn der Mensch ist nur Werkzeug Gottes. Auch die Beschenkten sollen letztlich Gott für die erhaltene Hilfe danken.

'ABD-AL-RAHÎMU. Ein Mensch dieses Namens soll sich bei seiner Suche nach Gott durch Gebete und Frömmigkeit ständig vervollkommnen. Sein Name soll auch seine Mitmenschen an das Erbarmen und die Güte Gottes erinnern.

4

al-MALIKU

Der König, Der Herrscher

Im Koran: I,3; II,258; III,26; XV,23; XCII,13. Varianten: **Mâliku,
Malyku** (im Koran: III,26; LIV,55; usw.) Der Name wir aus der alten
semitischen Wurzel m-l-k: Hebräisch *melech*, Aramäisch *malk*;
Akkadisch *malku*, Assyrisch *malku, maliku* abgeleitet.

Nur Gott allein kommt der Titel des Herrschers zu. Daher ist die
Bedeutung dieses Namens eine absolute. Inhaltlich stellt **Al-Ma-
liku** sowohl ein negatives (Gott ist von allem unabhängig), als auch
ein aktives Attribut (alles hängt von Gott ab) dar. Ferner ist es ein
Machtattribut in dem Sinn, daß es einerseits auf Gottes absolute
Macht hinweist und andererseits den sozialen Aspekt dieser Macht
betont: Nur Gott ist Herrscher, nur Gott ist „Eigentümer" des
Menschen. Der Mensch soll keinen Herrscher oder Herrn außerhalb seiner Macht anerkennen. Im Koran (III,26) heißt es: „Sag:
Herr Gott, der du über die Herrschaft verfügst! Du gibst die Herrschaft, und du entziehst sie, wem du willst. Du machst mächtig, und
du machst niedrig, wen du willst; das Gute liegt in deiner Hand. Du
hast zu allem die Macht."

Andererseits interpretieren viele theologische Richtungen den
Koranvers „die auf ihren Herrn hören, das Gebet verrichten, sich
untereinander beraten und von dem, was wir ihnen beschert haben,

Spenden geben" (XLII,38) als Aufforderung, alle weltlichen Regierungen als Republiken zu organisieren.

In dieser Frage ist grundsätzlich zwischen den verschiedenen Regierungsformen zu unterscheiden. Der „Kalif" hat als religiöses und politisches Oberhaupt der ganzen islamischen Gemeinschaft die religiöse und moralische Führung und ist selbst zur Frömmigkeit und sittlicher Integrität verpflichtet. Der „Sultan" ist der Organisator der Herrschaft und Führer seiner Organisation, aber nicht der „Herr" des Reiches. Daneben gibt es noch andere Arten von Regierenden, die keinem gewählten Parlament unterstehen. Demzufolge ist eine absolutistische Herrschaft nicht korangemäß – und folglich nicht islamisch. Es besteht ein Unterschied zwischen der Übermacht der saudiarabischen Könige – der *Scharîf* von Mekka ernannte sich 1916 selbst zum „König über die arabischen Länder" und wurde von Großbritannien und Frankreich als König von Hedschas anerkannt – und der gerechten Machtausübung des Königs von Jordanien, die den Anliegen seines Volkes entspricht.

Jedenfalls wird niemand außer Gott König im totalen Sinn sein können, d.h. König der Himmel und Welten, des Sichtbaren und des Unsichtbaren. Gott ist König im absoluten Sinn allein durch die Tatsache, daß er der Schöpfer der Herrschaft und der einzige ist, der deren Ausmaß, Wirklichkeit und eschatologischen Sinninhalt kennt. Andererseits hängt jede Herrschaft völlig vom Monarchen ab. Unter diesem Gesichtspunkt muß auch der Jüngste Tage oder das Endgericht verstanden werden: als Hohes Gericht über die Herrschaft. Daraus ergeben sich zwei Notwendigkeiten: Erstens die Verpflichtung des Menschen, die irdischen Güter richtig zu nutzen, die uns in unserer Eigenschaft als „Verwalter des Königs" oder „Kalifen" Gottes zum Fruchtgenuß anvertraut wurden und zweitens die Tatsache eines Jüngsten Gerichts, bei dem von dem Monarchen Rechenschaft über das anvertraute Gut verlangt wird.

Es ist eine wichtige Betrachtung, daß Gott – und nur er – König über Leben und Tod ist (II,258; XV,23; XCII,13). Im Koran (XXXVI,83) heißt es: „Gepriesen sei er, in dessen Hand die Herrschaft über alles liegt, und zu dem ihr zurückgebracht werdet!"

Die Sufis setzen diese Herrschaft *(malakût)* als „Reich der Engel und Welt des Geistigen" zur Wesensnatur Gottes *(al-Hâhût)* in Parallele wie das auch andere mystische Traditionen tun.

'ABD-AL-MALIK. Wer so heißt, soll bedenken, daß er alle Macht, die er besitzt, im Rahmen der Herrschaft Gottes ausüben muß. Diese Aufgabe ist hart, denn es gehört zu den schwierigsten Pflichten auf Erden, gerecht und weise zu regieren, sich von der Macht nicht korrumpieren zu lassen und der Versuchung zu widerstehen, durch Machtmißbrauch Kummer und Leid zu verursachen.

5

al-QUDDÛSU
Der Heilige

Andere Bedeutung: Der Geheiligte, Der Reine, Der Vollkommene,
Der Unbegrenzte. Im Koran: LIX,23; LXII,1.

Dieser Name gehört in den Zusammenhang von *taqaddus, taqdy,*
(der Zustand der Heiligkeit, des heiligen, transzendenten Charakters) und von *Mu-qaddas* (die heilige Sache). Die Übersetzung von
dschihâd (Anstrengung) mit „heiliger Krieg" ist so gesehen ein überaus schwerer Fehler. Im Koran (XX,111) entspricht dieser Name
Qayyûmu (der Beständige) und **Qâimu bi-Dhâtihu** (der aus
seiner eigenen Essenz Bestehende).

Dieser Name besagt sowohl, daß Gott frei ist von jeder Unvollkommenheit – die ja ein menschlicher Begriff ist – als auch, daß sein
Geheimnis jenseits aller menschlichen Deutung oder Anschauung
liegt. Dies ist die einzig Gott zukommende Wirklichkeit.

Der Name ist gleichbedeutend mit dem Inhalt des Attributs
mukkalafatun lil-Hawâdith, der keinerlei Ähnlichkeit mit dem
Geschaffenen in sich enthält. Dies ist eine der fünf Essenzen der
Nichtgleichheit Gottes mit irgendetwas anderem. Al-Ghâzzalî
(*Ihyâ',* IV,162; I,92) sagte darüber: „Die Vollkommenheit des Heiligen und Transzendenten ist allein durch den einen Wahren möglich. (…) Um zu existieren, bedarf das Universum eines Schöpfers,

und aus diesem ihm eigenen Bedarf verkündet es die Transzendenz dieses Schöpfers."

In der Tat sind die Eigenschaften Gottes **al-Quddûsu** nicht mit solchen zu vergleichen, die man Menschen zuschreiben kann, mögen diese noch so erhaben sein. Die göttlichen Eigenschaften entziehen sich dem menschlichen Verständnis nämlich dadurch, daß sie „ewige" Eigenschaften sind. Begreift der Mensch diese Wahrheit, hat er nur den einen Wunsch: Gott für seine Vollkommenheit zu loben; und zwar ohne jede „Vermenschlichung" oder Darstellungen Gottes. Aus demselben Grund ist das Gebet zu Gott ein reiner Akt der Anbetung und nicht die Bitte um materielle Güter. Letzeres, nämlich Gott einen realen, wenn auch mächtigen und bedeutenden „Beschützer" beigesellen, wäre sonst Polytheismus *(schirk)*. Weil Gott aber der Beschützer im absoluten Sinn ist, darf man ihn nicht um den Akt des Schutzes bitten; er selbst ist in sich dieser vollkommene, ewige Schutz. Das zwigt uns auch die Art von Glaubensstärke, die der Gläubige zu erlangen berufen ist: eine reine Kommunikation mit dem Schöpfer, die frei ist von materiellen Wünschen, Bedingungen, und psychischem Fehlverhalten, wie Ödipuskomplex, Heuchelei oder Frömmelei.

Da also das Attribut „der Heilige" eine Eigenschaft ist, die allein Gott zusteht, erkennt der streng korantreue Islam bei außergewöhnlichen Menschen (z.B. bei vielen Sufilehrern) zwar die Würde eines vorbildlichen Lebens an, verleiht aber nie den Titel eines „Heiligen". Das einfache, ungelehrte Volk, das meist nur sehr oberflächliche theologische Kenntnisse hat, verwendet diesen Titel allerdings gerne.

'ABD-AL-QUDDÛS. Der Träger dieses Namens soll nur Gott in sein Herz aufnehmen. Er soll ein Leben führen, das möglichst frei ist von Befleckung und weltlichen Begierden gemäß dem traditionellen Spruch: „Du wirst mich nicht im Himmel und auf der Erde finden, sondern im Herzen meiner treuen Diener."

6

al-SALÂMU

Der Friede, Das Heil

Im Koran: XXXIII,44; LIX,23.

Gott ist im Besitz des reinen Friedens – das bedeutet dieser Name als negatives Attribut gelesen. Als aktives Attribut besagt er, daß Gott vor und nach der Schöpfung derjenige ist, der Friede und Heil gibt. Deutet man diesen Namen als Redeattribut, gibt Gott Frieden, indem er sein Geschöpf segnet.

Dieser Name zeigt vielleicht mehr als alle anderen, daß die Gottesnamen Wesensmerkmale bedeuten, die der Mensch ersehnt und nach Möglichkeit erstrebt, aber in diesem Leben nicht erreicht werden können. Friede ist ein Zustand, den man erst im künftigen Leben ganz erlangt. Er ist möglich, aber nicht als eine im Herzen des Gläubigen spontan auftretende Eigenschaft, sondern auf dem Weg einer ständigen Entwicklung. Man findet ihn auf der Suche nach eigener Vollkommenheit, freilich keiner absoluten (was Anmaßung wäre), sondern indem man zu einem Zustand der Ausgeglichenheit gelangt. Dieser Zustand wiederum ist nicht auf der Suche nach Glück – eine bloß vorübergehende Empfindung – sondern in der Heiterkeit erreichbar und sogar dauerhaft. Man muß allerdings bereit sein, inmitten der Wirren dieser Welt das eigene innere Gleichgewicht aufrechtzuerhalten.

In diesem Zusammenhang zitiert Tosun Bayrak ein altes türkisches Sprichwort: „Lehne dich an keinen Baum, denn er könne
morsch sein und umfallen. Mach dich nicht von Menschen abhängig, denn sie altern und sterben. … Wer sich auf Gott **al-Salâmu**
verläßt, wird nie Furcht empfinden. Gottes Kraft wird in ihm sein
und ihm Glaubensstärke verleihen. So manifestiert sich der Name
al-Salâmu." Mir fällt noch ein anderes türkisches Sprichwort ein:
„Geduld ist der Schlüssel zur Heiterkeit." Frieden und Seelenheil
erlangt man, wenn man geduldig den Erfahrungsweg des Irdischen
geht.

'ABD-AL-SALÂM. Diesen Namen vergibt man mit dem
Wunsch, sein Träger möge vor Leid und Not bewahrt bleiben und
ein ausgeglichenes, friedfertiges Leben führen.

7

al-MÛ' MINU
Der Glaubende

Im Sinne des „Glauben habenden", d.h. dessen, der der Inhaber des
Glaubens ist und der ihn jenen schenkt, denen er ihn geben will.
Andere Bedeutung: Der Versichernde. Im Koran: LIX,23 und
in der Überschrift der XXIII. Sure.

Von der Form *(muf 'il)* her kann dieser Ausdruck zwei Bedeungen
haben, die beide in der Wurzel *â-m-u* liegen: „in Sicherheit sein" und
„glauben"; deshalb kann er sowohl „Beschützer" als auch „Glau-
bender" bedeuten. Manche muslimische Autoren, die die Feinhei-
ten der arabischen Sprache nicht eingehend genug kannten, hielten
einen Gottesnamen „der Glaubende, Gläubige" für absurd. Nimmt
man den Ausdruck aber absolut, dann entspricht er am unmittel-
barsten der Vorstellung von der inneren Ruhe und Sicherheit, die
Gott seinen Geschöpfen schenkt. Dies brachte auch Si Hamza Bo-
bakeur in seinem Werk *Traite moderne de théologie islamique* (Paris
1985) zum Ausdruck.

Die Wurzel *â-m-u* erinnert an Vertrauen und Sicherheit, daher ist
mu'min in der sichtbaren Welt „der aufrichtig Glaubende". Von der
Wurzel *s-l-m* hingegen kommt das Wort *muslim*. Es bedeutet „derjenige, der sich (Gott) unterwirft". Im *masdar* der IV. Form wird
daraus das Wort *Islam*. Synonyme aus der Wurzel *ch-l-s* (rein,

unvermischt sein) sind *muchlis*, „derjenige, der den reinen Kult aufrichtig ausübt", und *ichlâs*, „der fern von aller Vielgötterei ist". *Hanîf* ist der Gläubige, der schon vor dem koranischen Islam an einen einzigen Gott glaubte; *yaqîn* (Gewißheit) deutet dagegen auf die Glaubensfestigkeit hin. Aus *mu'minu* entsteht im Plural *mu'-minûn* „die Getreuen, die Gläubigen", also die Gemeinschaft der Muslime. Si Hamza Boubakeur sagt dazu (Der Koran, Paris 1979), daß der Messianismus Jesu und Mohammeds „in der Tat räumlich wie zeitlich ein universaler ist. Er wendet sich an alle Menschen: Götzenanbeter *(muschrikûn)*, Ungläubige *(kâfirûn)* Irrgläubige *(dâllûn)* und Gläubige *(mu'minûn)*." Daher ist *kâfir* das Gegenteil von *mu 'min*.

Was die doppelte Bedeutung „der Versichernde, Glaubende" betrifft, so schenkten die bedeutendsten Gelehrten in ihren Kommentaren nur dem ersten Begriff Beachtung. Während einige bemerkten, es sei absurd, den Glauben als Attribut Gottes anzusehen, zogen andere die zweite Bedeutung vor und stützten sich dabei auf den Kommentar von al-Ydschî[1] *(Kitâb al-Mawâqif)*: „Gott ist der Glaubende, insofern er, dank seiner höchsten Wahrhaftigkeit, sich selbst und seinem Gesandten Glauben hinzufügt. Das kann sowohl durch das Zeugnis seiner selbst oder seines Gesandten erfolgen (Redeattribut), oder durch sein Wirken, indem er auf wunderbare Weise den Beweis erschafft (aktives Attribut)."

Man kann Gott auch als den Glaubenden in Beziehung zum Gläubigen betrachten, insofern er für diesen die Quelle der Sicherheit und des Schutzes *(amân)* ist. Wir müssen jedoch „Glaube" und „Religion" unterscheiden.

Glaube ist ein angeborener Drang, das Streben des Menschen zu seinem Schöpfer, unabhängig von seiner Stellung oder seinem kulturellen und zeitlichen Umfeld. Religion hingegen ist die „Bürokratisierung" des Glaubens. Sie umfaßt eine Kultur, eine Zeit, einen geographischen Raum sowie eine besondere Ritualisierung. Dem Koran nach nimmt Gott alle Menschen im Glauben auf und teilt sie verschiedenen Religionen zu. Er wird von jedem einzelnen Rechenschaft über den Glauben und sein Leben einfordern, nicht aber über die spezifische Verhaltensweise im Zusammenhang mit einer bestimmten Religion. In diesem Sinn erhält der Name **al-Mû'minu**, Gott als Inhaber des Glaubens, seine volle Bedeutung. Glaube ist das größte Geschenk, das der Mensch von Gott erhalten kann – größer als Gesundheit, Intelligenz, Reichtum und harmonisches Familienleben. Und Gott ist er der einzige, der Glauben schenken kann, wem er ihn schenken will. So steht es auch mehrmals im Koran. Er ist aber auch derjenige, der alle schützt und aufrichtet, die zu ihre Zuflucht zu ihm nehmen. Wer wirklich glaubt, fürchtet weder den Tod, noch ängstigt er sich aufgrund der unzulänglichen *conditio humana*. Wer glaubt, läuft auch nicht Gefahr, Fanatiker zu werden – eine irrige Art des religiösen Empfindens. Fanatismus hält starr und unreflektiert an Dogmen fest, die an Vergangenes gebunden sind und verallgemeinert, was doch stets einer neuen Definition bedarf. Der Glaube ist wie ein großer Strom, der seinen Wellengang während des Laufes ändert, aber doch immer derselbe bleibt. Die Kraft des Wassers reißt die Schlacken mit und reinigt die Gedanken, während der Fanatismus einem Fluß gleicht, in dem die Fische vor Kälte erfrieren.

Der Mensch und sein Glaube haben vielerlei schädigende Feinde: Egoismus, Gewinnsucht, weltlicher Tand; all das verführt die Schwachen. Das Böse erscheint oft in überzeugender Gestalt und der Menschen fällt diesem diabolischen Aspekt der sichtbaren Welt leicht zum Opfer. Daraus entsteht dann Tyrannei, Egoismus, Bosheit und Krieg mit all ihren unglücklichen Folgen. Die Wohlstandsgesellschaft breitet sich aus und läßt den Glauben schwächer werden. Wenn nun jemand, um all dem zu entgehen, sagt: „Ich nehme meine Zuflucht zu Gott", so nimmt er seine Zuflucht zu dem Gottesnamen **al-Mû'minu**. Er nimmt sie im Geschenk des Glaubens, der ihn vor jeder Versuchung durch das Böse bewahrt. Um zu erfahren, worin für den Islam die drei Grade des Glaubens bestehen, müssen wir uns weiter mit dieser Erkenntnis befassen.

Der erste Grad ist das Bekenntnis des eigenen Glaubens mit Worten. Wer das Gebet spricht und den Koran liest *(schariha)*, zeigt seinen Mitmenschen, daß er an Gott glaubt und ein Muslim ist.

Der zweite Grad ist das Bekenntis des eigenen Glaubens mit Werken gemäß der Koranvorschrift (II, 177): „Die Frömmigkeit besteht nicht darin, daß ihr euch mit dem Gesicht nach Osten oder Westen wendet (oder nach dem Ritus dieser oder jener Religion betet), sie besteht vielmehr darin (…), daß man den Verwandten, den Waisen, den Armen, dem, der unterwegs ist, den Bettlern und Sklaven gibt, das Gebet verrichtet und die Almosensteuer bezahlt. Und Frömmigkeit zeigen diejenigen, die, wenn sie eine Verpflichtung eingegangen haben, sie erfüllen, und die in Not und Ungemach und in Kriegszeiten geduldig sind. Sie sind wahrhaftig und gottesfürchtig“.

Der dritte Grad ist das Bekenntnis des eigenen Glaubens im Herzen. Der Herzensglaube ist das wesentliche. Wer seinen Glauben mit Worten bekennt, ihn aber nicht im Herzen hat, ist ein Lügner. Wer ihn mit Werken bezeugt, ihn aber nicht im Herzen trägt, ist ein Heuchler. Wer ihn hingegen im Herzen trägt, ohne ihn mit Worten zu bekennen, weil er ihn aus irgendwelchen Gründen nicht aussprechen kann – etwa unter besonderen Umständen, aus Gefahr für die eigene Person, indem er nämlich an dem Schaden, den ihm andere zufügen könnten, mitschuldig würde – oder wer den Glauben nicht mit Werken bekennt, weil er dazu nicht in der Lage ist, weil er etwa aus bestimmten Gründen kein Almosen geben kann (wobei ich daran erinnern möchte, daß auch ein Lächeln oder ein gutes Wort ein Werk der Barmherzigkeit sein können), der ist und bleibt ein Gott wohlgefälliger gläubiger Mensch.

Tosun Bayrak sagt dazu: „Wer den Glauben hat, weiß, daß er in Gott **al-Mû'minu** sichere Zuflucht findet. Darum können sich alle Menschen auch an einen Gläubigen wenden. Denn der wahrhaft Glaubende ist ein Freund aller, er fördert das Gute, hilft den Bußfertigen und ist überhaupt eine Person, auf die man sich verlassen kann.“

'ABD-AL-MÛ'MIN. Wer diesen Namen trägt, soll so leben, daß er allen Schutz gewährt, die ihm Ehre, Gut und Leben anvertrauen. Sein heiteres und festes Vertrauen auf den Herrn sei anderen ein Beispiel.

1 Adud al-Dyn 'Abd al-Rahmân Ibn Ruch Al-Dyn Ibn 'Abd al-Ghaffâr al-Bakry al-Schabânkâri al-Ydschî: Schâfi'tischer Jurist und hervorragender asch'aritischer Theologe, geboren um 1281 in Ydsch, der wichtigsten Stadt der Schabânkâra. Man nennt ihn den „hl. Thomas von Aquin des Islams". Er war ein Schützling des letzen Ilchaniden Abû Sa' id (1316–1336), später oberster Richter am Hof von Schiraz, wo er Hâfiz begegnete. Er starb 1355 im Gefängnis von Diraymiyân, wohin er von Malik Ardaschyr, *atabeg* von Schabânkâra, gebracht worden war, vermutlich, weil er am Aufstand der Muzaffariten teilgenommen hatte.

8

al-MUHAYMINU
Der Wachsame

Im Koran: LIX,23. Der Ausdruck kommt aus dem Syrischen.

Faßt man diesen Namen als Wissensattribut auf, so ist Gott der allgegenwärtige Zeuge, dessen Wissen über allem wacht; als Redeattribut, ist Gott, in Anlehnung an *amîn*, der absolut Aufrichtige, der wahrhaftig ist in seinem Wort.

Wer über allem wacht, trägt die Eigenschaft des höchsten Wächters und Beschützers aller Dinge in sich. Alles entsteht, weil er ist, die sichtbare Welt, die nur in ihm Dasein und Substanz hat, wird durch ihn, die Urkraft, bewirkt. Implizit kann seiner Wirklichkeit daher nichts entgehen, auch nicht für einen Augenblick. Alles ist also im absoluten Sinn durch Regeln geordnet. (Es gibt physische Überlebensgesetze, wie der Zyklus Krebs[1], die noch über der Möglichkeit einer Regelung durch die Materie, die sie selbst regelt, liegen.) Gottes immerwährende Wachsamkeit ist daher gleichzusetzen mit dem Ablauf der unzähligen, überaus komplizierten physikalischen Gesetze, dem die sichtbare Welt – vom kleinsten Atom bis zu den galaktischen Systemen – ihren Bestand verdankt. Auch über das Physische hinaus ist ihm jede noch so geringe Handlung seiner Geschöpfe gegenwärtig. Er kennt alle körperlichen, seelischen und umweltbedingten Gründe, die zu einer Handlung führen. Doch bedeutet diese „Wachsamkeit" keine „Einmischung": Gottes Geschöpf ist in seinen Entscheidungen und Handlungen frei. Erst am Ende der Tage muß der Mensch darüber Rechenschaft ablegen.

Gottes „Wachsamkeit" gilt auch für andere seiner Namensattribute, insbesondere für die Begriffe „Belohnung", „Recht" und „Gerechtigkeit", die uns in ihrer Gesamtheit erfahren lassen, wie sehr Gott im äußersten Sinn der eine ist und wie sehr wir gezwungen sind, seine Wesenheit in Namen zu gliedern, um die Größe seines Geheimnisses annähernd erahnen zu können.

Die Eigenschaft des Namens **al-Muhayminu** kann auf uns zurückwirken, wenn wir uns bemühen, über unsere Gedanken, Werke, Worte und Gefühle zu wachen.

'ABD-AL-MUHAYMIN. Dieser Name verpflichtet seinen Träger, über sich und andere gut zu wachen, sie vor Ungerechtigkeit zu schützen und ihnen beizustehen, den rechten Weg zu suchen.

---

1 Hans Adolf Krebs, Biochemiker, Nobelpreis 1953 für die Entdeckung eines neuen Wegs des Energietransports in der Zelle, (Anm. d. Übers.).

9

al-'AZÎZU
Der Kostbare

Neuere Bedeutung: teuer im Sinne von „ein geliebter Freund".
Im Koran kommt der Name oft vor, z.B. III,62; VI,96; XI, 66; LVIII,22;
LXII,1; LXXXV,8.

Als Wirkattribut besagt dieser Name, daß Gott aus eigener Macht
bestrafen kann, wen er will, aber auch, daß er Herr über jede Belohnung ist. Al-Ghazzâlî deutet diesen Name als negatives Attribut.
Für ihn ist Gott der Seltene, der überaus Kostbare, der schwer zu Er-
langende und, da er der „Seltene an sich" ist, der absolut Einzige. Er
ist insofern notwendig, als ohne ihn nichts Bestand hat, und er ist so
unerreichbar, daß nur er selbst sich erkennen kann. Für al-Ydschî
bedeutet der Name, daß Gott weder Vater noch Mutter hat, kein
Raum ihn enthält und nichts ihm gleicht.

Der Ausdruck kommt oft in den Koranversen vor, die von der
göttlichen Strafe sprechen. Gottes Macht ist hier an die göttlichen
Eigenschaften Gerechtigkeit und Barmherzigkeit geknüpft. Darüberhinaus vermag er die eigene Macht ausgewogen zu zügeln und ist
folglich der Siegreiche, den keine Macht überwindet, auch nicht der
Wunsch nach der eigenen Macht.

Als Attribut im grammatischen Sinn bedeutet der Name „der
qualitativ sich selbst Genügende". Speziell al-Ydschî schrieb dar-

über philosophisch-sprachlichen Abhandlungen: „Im Menschen unterscheidet man allgemein zwei Eigenschaftskategorien: jene, die ihm inhärent sind (wie das Leben) und jene, die von ihm ausgehen (wie z.b. Edelmut). Eine Gruppe von Sufis, genannt ‚Jene, die die Wahrheit verwirklichen' *(al-Muhaqqiqûn)*, unterteilt die Gottesnamen in zwei Gruppen. Die erste besteht aus Namen, die sich qualitativ selbst genügen (in der Sprachlehre die Attributivnamen). Dies sind die Namen der Essenz, wie der Eine (**al-Ahad**), der Einzige (**al-Wâhid**), der Einzigartige (**al-Fard**), der Undurchdringliche (**al-Samad**), der Erhabene (**al'Adhîmu**), der Lebendige (**al-Hayy**), der Mächtige (**al'Azîz**). Die zweite Gruppe besteht aus Eigenschaftsnamen, die sich auf Wissen (**al'Ilm**) und auf Macht (**al-Qudra**) beziehen, auf Personen (**al-Sifât al-Nafsiya**) oder auch auf göttliche Handlungen (**al-Sifât al-Faâliya**)."

'ABD-AL-'AZÎZ. Der Träger dieses Namens soll sich Gott anvertrauen, damit er ihn vor jedem Machtstreben und dem Mißbrauch irdischer Gewalt bewahre. Wer seinem Sohn diesen Namen gibt, wünscht ihm Stärke ohne Bosheit oder Rachsucht.

10

al-DSCHABBÂRU
Der Gewaltige, Der Unzugängliche

Andere Bedeutung: Der überaus Starke, Der Unterdrücker.
Aus der Wurzel *dsch-b-r* (neuordnen, wiederherstellen).
Im Koran: IX,23.

Mit diesem Namen kann man Gott verstehen als denjenigen, der aus
eigenem Wollen alles ordnet, was die Menschen brauchen und dabei
die Freiheit der Geschöpfe wahrt, diese Ordnung zu stören. Je nachdem ist der Name entweder ein Wirk-, oder ein gleichzeitig negatives und positives Attribut. **'Adhîmu** (Nr. 34) mit der Bedeutung
„der ohne jeden Makel seiende" ist sinnverwandt.

Üblicherweise bedeutet dieser Gottesname „derjenige, der das
Zerschlagene verbinden kann", also die Wiederherstellung der
Ordnung. Nach Ibn al'Arabî macht Gott seinen Geschöpfen mit
diesem Namen ein großes Geschenk. In der göttlichen Ordnung der
kosmischen Gesetze, die unser menschliches Begreifen übersteigt,
ist alles vorhanden, was wir benötigen, sie ist eine große Gabe
Gottes.

Sobald der Mensch auf der Suche nach der endzeitlichen Bestimmung seines Lebens zu der Frage gelangt „Ist hier alles vorhanden?", sagt er damit implizit „Von hier gehe ich aus." Wenn dies
aber der Fall ist, dann ist auch alles Nötige vorhanden, und dann er-

halten wir auch Antwort auf alle unsere Fragen; wir müssen nur lernen, das zu verstehen.

Dann begreifen wir auch das scheinbare Desinteresse Gottes an den menschlichen Unternehmungen: Wir haben ja alles, was wir zum Schaffen und Lösen brauchen; Gott hat uns alles Nötige geschenkt. Man bedenke z.b., daß sich die Erde nach dem göttlichen kosmischen Gesetz um sich selbst und um die Sonne drehen muß, daher am folgenden Tag nicht „nicht aufgehen" kann. Auch der Wind weht und kann sich der vollkommenen Gewalt der göttlichen Ordnung nicht entziehen. Der Mensch jedoch kann wählen, er kann den natürlichen Gesetzen folgen oder sich ihnen entziehen. Es hängt von ihm ab.

Für al-Ghazzâlî war **al-Dschabbâru** der „durch Mitteilung Bezeichnete" des Propheten Mohammed (der Grund, weshalb er von Gott mit seiner Sendung betraut wurde), und **al- Ghaffâru** (Der Verzeihende, Nr. 15) der „durch Mitteilung Bezeichnete" des Propheten Jesus.

'ABD-AL-DSCHABBÂR. Wer so heißt, soll über Gottes Macht nachdenken, sich beherrschen und unter allen Lebensumständen Gottes Willen gerne auf sich nehmen.

11

al-MUTAKABBIRU

Der Stolze

Andere Bedeutung: Der seiner eigenen Größe Eingedenkende.
Im Koran: LIX,23.

Nach al-Ghazzâlî ist im Vergleich zu Gottes „Essenz", worin auch das „Bewußtsein" Gottes um die eigene Wirklichkeit miteingeschlossen ist, alles niedrig. Für al-Ydschî und al-Dschurdschânî ist der Name wie der vorige vergleichbar mit **al-'Adhîmu** (Nr. 34).

Dieser Name steht im Koran in einem der wichtigsten Abschnitte für die Gemeinschaft der Muslime und insbesondere der Sufis (LIX,22–24): „Er ist Gott, außer dem es keinen Gott gibt, der über das, was verborgen, und was allgemein bekannt ist, Bescheid weiß. Er ist es, der barmherzig (Nr. 2) und gnädig (Nr. 3) ist. Er ist Gott, außer dem es keinen Gott gibt, der hochheilige König (Nr. 4 und 5), das Heil (Nr. 6), der Sicherheit und Gewißheit gibt (Nr. 7 und 8), der Kostbare (Nr. 9), Gewaltige (Nr. 10) und Stolze (Nr. 11). Gott sei gepriesen! Er ist erhaben über das, was sie ihm beigesellen. Er ist Gott, der Schöpfer (Nr. 12), Erschaffer (Nr. 13) und Gestalter (Nr. 14). Ihm stehen die schönen Namen zu. Ihn preist, was im Himmel und auf der Erde ist. Er ist der Mächtige (Nr. 69), der Weise (Nr. 20)."

Nach Sayf al-Dîn al-Âmidî erschafft Gott das Universum indem er sich in seinem Namens **al-Mutakabbiru** manifestiert und offenbart. Diese Auffassung wurde von anderen Gelehrten zu Recht kritisiert. Zugestimmt wurde hingegen der Ansicht, daß Satan – ich erinnere daran, daß dieser im Islam kein aus Licht geschaffener, gefallener Engel ist, sondern ein aus Feuer geschaffener Aspekt der sichtbaren Welt – sich für **al-Mutakabbiru** halten will und durch die Verlockungen der Macht viele Menschen auf politischem, intellektuellem und materiellem Gebiet verführt. Auch andere Religionen beschreiben die Sünde des Hochmuts ausführlich. „Der Regen bleibt nicht auf den hohen Gipfeln, sondern er fällt in die tiefen Täler hinab; die Gaben Gottes belohnen nicht den Stolzen, sondern den, der sich demütig beugt." (G.M.)

'ABD-AL-MUTAKABBIR. Dieser Name soll seinen Träger auf die Eitelkeit allen weltlichen Ruhmes und die Vergänglichkeit aller menschlichen Bemühungen um materielles Wohlergehen hinweisen. Der Mensch soll sich vor Ichbezogenheit und Stolz hüten und stattdessen begreifen, daß wir alle nur einfacher und augenblicklicher Abglanz des in Wahrheit höchsten Einen sind.

12

al-CHÂLIQU
Der Schöpfer

Im Koran: VI,102; XXV,2; XXXV,3; XL,62; XXIV,54.

Für das menschliche Verständnis ist dieser Name am stärksten mit der Wirklichkeit Gottes verbunden, denn die spezifische Eigenschaft seines göttlichen Wesens ist seine Schöpferkraft. Das Universum, das dem Koran nach nicht zufällig, sondern mit einem nur dem Schöpfer bekannten Ziel entstanden ist, ist folglich der ständige Ausfluß, die Emanation seines „Gott-Seins". Ebenso legt die Schöpfung in jedem einzelnen Augenblick Zeugnis seiner Göttlichkeit ab. In der Tat hat ja alles, was zu dieser sichtbaren Welt gehört, einen Anfang und ein Ende und bedarf eines Schöpfers. Alles Geschaffene lebt im Augenblick seiner Erschaffung; von diesem Augenblick an existiert es und hat somit einen Anfang. Hätte der Schöpfer einen Anfang, dann hätte er seinerseits einen Schöpfer. Es ist daher logisch, wenn al-Hallâdsch sagt: „Der Schöpfer subsistiert von der Vorewigkeit bis zur Nachewigkeit."

Von Gott geht das unablässige Werden *(masîr)* der Schöpfung, die einen Zweck und ein Ziel hat, aus. In ihrer Zusammensetzung aus energetischen Urquanten, welche Fachr al-Dîn Râzî, ein 1210 verstorbener Theologe, *âdschzâ lâ tatayyâ* (untrennbare Teile) nannte, ist sie nur dem Anschein nach differenziert. Für die Sufis bedeutet *masîr* das Werden des Mystikers, der Stufe um Stufe zu Gott strebt.

Hinsichtlich der Schöpfungslehre (X,3) widersprechen sich die sunnitische Exegese, die mu'tazilîtische Richtung und die Sekte der Ismâ'îlîten. Eine detaillierte Erläuterung der verschiedenen Anschauungen findet man bei Si Hamza Boubakeur in *Der Koran* (Paris 1979).

Die Schöpfereigenschaft Gottes (und seine Macht, aufzuerwecken) erweist sich für die Sufis im Propheten Jesus, dem Sohn der Jungfrau Maria. Im Koran (III,49) sagt er: „Ich bin mit einem Zeichen von eurem Herrn zu euch gekommen, daß ich euch aus Lehm etwas schaffe, was so aussieht, wie Vögel. Dann werde ich hineinblasen, und es werden mit Gottes Erlaubnis Vögel sein."

'ABD-AL-CHÂLIQ. Der Träger dieses Namens soll in Übereinstimmung mit der göttlichen Eingebung alles für seine Mitmenschen Notwendige tun.

13

al-BÂRI'U
Der Erschaffer, Der Urzeuger

Zur Bedeutung dieses Name siehe unter Nr. 12.
Im Koran: VII,54.

Der Mensch ist nichts. Seine Identität liegt in Gott, der weder seine eigene Ipseität (Selbstheit), noch seine eigene Existenz zu bestätigen braucht. Der Mystiker, der in der eigenen Entfaltung schließlich die Immanenz überwindet, kommt zu der Erkenntnis, daß die sichtbare Welt – einschließlich seiner selbst – nichts als ein vorübergehender Reflex einer Haupteigenschaft Gottes, der Schöpfereigenschaft (**al-Châliq al-Bâri'**), ist.

Der Koran sagt dazu (LV,26):"Alle, die auf der Erde sind, werden vergehen. Nur Gott ist. Wir sind eine geschaffene, vergängliche Form und das Göttliche in uns gehört „ausschließlich" Gott an (weshalb es eine Bedeutung nach zwei Richtungen hat). Diese Auffassung wird in dem Namen **al-Bâri'u** symbolisiert. Er zeigt die Eigenschaft Gottes, alle Dinge in einer beständigen Beziehung von Übereinstimmung und Abhängigkeit miteinander harmonisch zu fügen. Daraus ergibt sich auch, daß die Menschheit an eine ständige Bewegung wechselseitigen Austauschs gebunden bleibt. Wer seinem Nächsten um des eigenen Vorteils willen schadet, wird früher oder später, an sich oder an seinen Kindern und Erben, die Folgen

seiner negativen Handlungen zu spüren bekommen. Auch im seelischen Bereich stehen die menschlichen Handlungen in einer wechselseitigen Abhängigkeit: Kein Aspekt des menschlichen Lebens
kann herabgewürdigt werden, ohne dadurch einen anderen Bereich
zu schädigen, denn Arbeit, Gesundheit und Gefühle sind letztlich
„kommunizierende Gefäße". Wer daher etwas zerstört, das nicht er
selbst ist, sei es auch nur etwas Winziges in einem fernen Weltteil,
zerstört am Ende sich selbst. Und wer den Leiden seiner Mitmenschen, die nicht frei handeln dürfen, gleichgültig gegenübersteht,
wird die Folgen dieser Leiden selbst zu tragen haben.

'ABD-AL-BÂRI'. Dieser Namensträger soll die Inkonsequenzen
meiden, die mit Irrungen, Ungerechtigkeiten und Verwirrungen zu-
sammenhängen. Er soll in harmonischer Übereinstimmung mit
seiner Umgebung handeln und wirken.

14

al-MUSAWWIRU
Der Gestalter, Der Formgeber

Im Koran: VII,11; LIX,24; LXIV,3.

Für al-Ghazzâlî bedeuten die letzten drei Namen (Nr. 12, 13, 14), die sich alle auf Wirkattribute beziehen, den allen sichtbaren Geschehens von der Nichtexistenz zur Existenz. **Al-Châliqu** verdeutlicht die Bestimmungsmacht Gottes und das Ausmaß des göttlichen Ratschlusses. **Al-Bâri'u** besagt die absolute Wirklichkeit der göttlichen Existenz *(wudschûd)*, während **al-Musawwiru** auf Gott als den harmonischen Gestalter aller Formen hinweist. Von hier nimmt der Gedanke der Prädestination, der Bestimmung *(qadar)* seinen Ausgang. Das ist ein leicht verständliches Thema, wenn man klug und mit Verstand daran geht, aber widerborstig, wenn man es wörtlich nimmt *(Qadar* ist die Überschrift der siebenundneunzigsten Sure, in der die „Nacht der Bestimmung" gepriesen wird).

Hamza Boubakeur erläutert in *Der Koran* (Paris 1979): „Da Gott der Allmächtige, der Allwissende und der Schöpfer ist, der außerhalb von Raum und Zeit existiert, können ihm die auf Raum und Zeit begründeten menschlichen Handlungen nicht entgehen, da er sonst unvollkommen wäre. Auch zugunsten des Menschen kann er innerhalb seiner gesamten Schöpfung davon auch keine Ausnahme machen, indem er diesem etwa die Möglichkeit verliehe, völlig bestimmungsfrei und folglich völlig handlungsfrei zu sein. Der Mensch kann sich seine Abstammung, seine geschichtliche Epoche, sein Geschlecht, die Grundgegebenheiten seiner Geburt (wie soziale Stellung, Umfeld, Muttersprache usw.) ebensowenig aussuchen wie seine Hautfarbe, Intelligenz, Begabung, sein Aussehen und so weiter. Er ist jedoch frei, seinen Weg zu wählen. Bei aller Berücksichtigung von Konflikten und Motiven ist er an einer Wegkreuzung doch augenscheinlich frei, den Weg zu gehen, dem er folgen will."

Dieses Problem wird in einem Ausspruch des Propheten Mohammed (Hadith) noch deutlicher: „Ein Mann, der sein Kamel nicht anbinden wollte, sagte zum Propheten: ‚Wenn es Schicksal ist, daß es davonläuft und verlorengeht, dann ist der Strick völlig unnütz. Wenn es Schicksal ist, daß es bleibt und nicht verlorengeht, wozu soll ich es anbinden?' Darauf erwiderte der Prophet: ‚Dein Kamel binde an und dein Vertrauen setze auf Gott!'"

Wir wollen nun auf die besondere Bedeutung dieses Namens zurückkommen. Zweifellos erkennt man die Gottes Eigenschaft daran, daß er gestaltet, ohne von einem Vorbild auszugehen, und daß er nicht zwei Dinge ganz gleich formt. Jeder von uns ist eine individuelle Schöpfung (man denke nur an die Fingerabdrücke), wohingegen alles, was der Mensch schafft, von seinem Werkzeug und der vorher erdachten Technik abhängt.

'ABD-AL-MUSAWWIR. Der Träger dieses Namens soll sich bei all seinen Handlungen bemühen, mit der göttlichen Schönheit und Harmonie übereinzustimmen, denn nichts hat Bestand, was Gott und seiner Schönheit widerspricht.

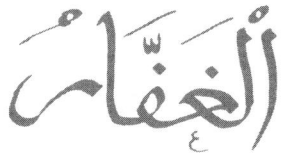

15

al-GHAFFÂRU

Der Verzeihende

Im Koran kommt dieser Name hundertzweiundzwanzigmal vor,
darunter II,173; II,182; II,192; II,199; II,218; II,225; II,235; II,284; III,31;
X,107; XX,82; XXXVIII,66. Varianten: **Ghafûru, Ghâfiru**.

Die bisherigen Namen wurden in der Reihenfolge aufgezählt wie sie
die obenerwähnten Koranverse LIX,22–24 anführen. Dieser und
die fünf folgenden Namen wurden der leichteren Merkbarkeit
wegen nach Wohlklang zusammengefaßt.

Aus den verschiedenen Formen des Verbs *ghafara* (verzeihen)
leiten sich verschiedene Gottesnamen ab, die im Zusammenhang
mit der göttlichen Eigenschaft des Verzeihens stehen. **Al-Ghafûru**
(Nr. 35) bedeutet „der Nachsichtige", **al-Ghaffâru** hingegen „jener, der nicht aufhört, zu verzeihen". Gott ist der **Tawwâbu** (aus
der Wurzel *t-w-b* „zurückkehren"), „jener, der unablässig zum
reuigen Sünder zurückkehrt". Als **al- 'Afûu** (Nr. 82) ist er „Gott,
der verzeiht, indem er die böse Tat tilgt".

Gott tilgt die Sünden *(iafâ)* und spricht von ihnen frei. Das kann
nur er, denn nur er kennt die Umstände und Mechanismen, die zu
einer Verirrung führen. Deshalb kann auch nur er die gerechte Bestrafung bestimmen. Um Verzeihung zu erlangen, kann man sich
also letztlich nur an ihn wenden. Nach Ibn al- 'Arabî schützt er vor

59

Strafe, wenn sein Geschöpf im Stande der Strafwürdigkeit ist und bereut. Befindet es sich nicht im strafwürdigen Zustand, dann bewahrt er sein Geschöpf davor, diese Strafe erleiden zu müssen. Der Name ist **al-Ghafûru** (Nr. 35), dem Nachsichtigen sehr ähnlich.

Im Islam gibt es jedoch nur eine einzige wirkliche Sünde: *ischrâk* (Polytheismus und Totemismus), das heißt, Gott andere Götter beizugesellen. Alles andere wird als als bewußte Abweichung vom rechten Weg oder sittlichen Verhalten definiert. Darauf legt der Koran (II,177) letztlich größeren Wert als auf die Praxis religiöser Rituale: „Die Frömmigkeit besteht nicht darin, daß ihr euch mit dem Gesicht nach Osten oder Westen wendet," – d.h. die Riten nach jüdischen, christlichen oder muslimischen Vorschriften erfüllt – „sie besteht vielmehr darin, daß man an Gott (...) glaubt und sein Geld – mag es einem noch so lieb sein – den Verwandten, den Waisen, den Armen, dem, der unterwegs ist, den Bettlern und den Sklaven hergibt, das Gebet verrichtet und die Almosensteuer bezahlt. Und (Frömmigkeit zeigen) diejenigen, die, wenn sie eine Verpflichtung eingegangen sind, sie erfüllen, und die in Not und Ungemach und in Kriegszeiten geduldig sind. Sie sind wahrhaftig und gottesfürchtig."

Die Ethik der Dscherrâhî-Sufis hält die Störung der Harmonie in und um sich für die schwerste Sünde. Tosun Bayrak sagt in diesem Zusammenhang: „Ein Sünder ist wie ein armer Teufel, der in eine Senkgrube gefallen ist. Was muß er als erstes tun? In diesem Zustand kann er weder vor andere Menschen treten noch sich selbst ertragen. Er muß sich waschen und säubern, außer er ist verrückt und bemerkt seinen Zustand gar nicht. Die Seife und das Wasser, womit wir unser Inneres waschen, ist die Reue."

Die traditionalistische Theologie führte die Sünden nach ihrer Schwere an und setzte im *Tawba* die Bedingungen und Voraussetzungen für das göttliche Verzeihen an. Darüber gab es aber schon seit jeher Meinungsverschiedenheiten. Ibn 'Abbâs (gest. 688) kannte siebenhundert Sünden, unterteilt in Sünden der Seele (schwere) und solche der Sinne oder Zunge (läßliche). Für Ibn Mas'ûd (gest. 650), Ibn 'Umar (gest. 693) und deren Anhänger sind schwere Sünden diejenigen, die ausdrücklich in einem Koranvers stehen. Das sind Polytheismus oder Götzenkult *(ischrâk)*, Verleumdung *(ghayba)*, Verleumdung ehrbarer Frauen *(qadf al-Muhsanât)*, Abtrünnigkeit *(ridda)*, Verharren im Bösen *(isrâ)*, Leugnen der Barmherzigkeit Gottes *(qunût)*, Wucher *(ribâ)*, falsches Zeugnis *(zûr)*, Mißachtung der Strafen Gottes *('amn min makri al-Lâh)*, Zauberei und Magie *(sihr)*, Mord *(qatl)*, Unterschlagung von Waisengütern *('akl mâli al-yatîm)*, Undank gegen Verwandte *('uqûq al-wâlidîn)*, Unzucht mit fremden Ehefrauen *(zinâ bi mar'ati al-Dschâr)*. Sie alle verletzen die ewigen Gesetze um vergänglicher Freuden willen.

'ABD-AL-GHAFFÂR. Wer diesen Namen trägt, soll nachsichtig sein gegenüber den Fehlern der anderen und ihnen den Weg der Buße zeigen. Und dies nicht durch Schuldzuweisung, sondern durch Verständnis, Hilfe und Belehrung.

16

al-QAHHÂRU
Der Bezwinger

Andere Bedeutung: Der Allgewaltige, Der Beherrscher, Der Unbesiegbare.
Im Koran: VI,18; XII,39; XIII,16; XIV,48; XXXVIII,65; XXXIX,14;
XL,16. Gebildet aus *qahr* (Zwang).

Dieser Gottesname ist als ein negatives Attribut zu verstehen: Gott,
der die universale Macht sowohl über die Erde als auch über die am
Himmel glänzenden Gestirne innehat, kann selbst niemals von
etwas beherrscht werden. **Al-Qahhâru** wird dem Namen **al-Latîfu**
(Nr. 31, der Freundliche), gegenübergestellt, um zu verdeutlichen,
daß Gott stark im Unterwerfen, aber zart in seiner Liebe ist. Die
ganze Schöpfung bezeugt dies, da sie, um Materie zu sein, Positives
und Negatives, Licht und Dunkel, Gutes und Böses braucht.

Mit Hilfe des Gegensatzes von „Bezwinger" und „Freundlicher"
kann der materielle Teil des Menschen Gottes Unendlichkeit besser
verstehen. Der Mensch, der selbst Gegensätzen unterworfen ist, findet sich bei der Betrachtung dieser Namen selbst und erkennt damit
auch die überragende Dimension dessen, was ihn übertrifft. Solche
Gegensätze helfen uns zu begreifen, daß alles, was ihnen voran- oder
aus ihnen hervorgeht, eben Schranken sind, die wir zu überwinden
haben. Dies geschieht, wenn wir mit unserer begrenzten Auffas-
sungsfähigkeit Gott als den erkennen, der über allem steht.

'ABD-AL-QAHHÂR. Wer so heißt, soll sich bemühen, gegen jegliche Tyrannei zu kämpfen. Er soll sich hüten, ungerechtfertigten Befehlen zu gehorchen, indem er den Weg der Gerechtigkeit erkennt und ihm folgt.

17

al-WAHHÂBU

Der Schenkende

Neuere Bedeutung: Der Spender aller Gnaden.
Im Koran: III,8; XXXVIII,9.

Dieser Name hat, wie Ibn al-'Arabî vollendet kommentierte, eine aktive Bedeutung: „Er ist derjenige, der fortwährend und unentgeltlich schenkt, da der Empfänger weder durch Werke der Dankbarkeit noch durch Verdienste irgendeine Gegenleistung erbringen muß, da er keinerlei Gegenleistung bedarf und in ihm alles Bestand hat."

So sollte auch das Gebet als Akt der Anbetung des Schöpfers durch sein Geschöpf aufgefaßt werden und nicht als Bitte um Beistand, da Gott absolut und ewig der Helfende ist. Da er aber auch der Allwissende ist, weiß er, wer und wie jemand die Gabe verdient, welches das passende Geschenk ist und wann die Gabe gegeben werden soll. Ein guter Muslim, der die Bedeutung dieses Namens richtig versteht, sollte nach Möglichkeit selbst ein Schenkender werden. So waren es denn im Laufe der Jahrhunderte unzählige Persönlichkeiten aus Politik, Wirtschaft und Kultur, die karitative Einrichtungen im Interesse des Allgemeinwohls stifteten, wie die großen osmanischen, persischen und usbekischen *waqf*.

'ABD-AL-WAHHÂB. Dieser Namensträger sollte bereit sein, nach besten Möglichkeiten seinen Mitmenschen als Gottes Werkzeug Gutes zu tun ohne dafür eine Gegenleistungen oder Lohn zu erwarten. Er sollte es aber im richtigen Maß tun und auch im Guten nicht übertreiben.

18

al-RAZZÂKU

Der Bescherer

Im Sinne von „der den Unterhalt beschert".
Im Koran: XXII,58; XXXV,3; LI,58; LXII,11.

Dieser Name ist ein Wirkattribut. Auch wenn *rizq* „Lebensmittel, Vorrat" und im Aramäischen „Brot" bedeutet (vgl. im Vaterunser: „Gib uns heute unser tägliches Brot", Mt 6,11 und Spr 30, 8–9), so bedeutet das Verb *razaqa*, wenn von Gott die Rede ist „die Lebewesen mit allem, was sie zu ihrem Leben brauchen, versehen". Al-Dschurdschânî versteht unter *rizq* alles, was ein Lebewesen für seine physischen Bedürfnisse braucht. Die Nahrungsmittel auf der Welt reichten für alle aus, hätten sich ihrer nicht einige Nationen über Bedarf bemächtigt und ließen andere Völker bewußt verhungern.

Bei al-Ghazzâlî hingegen umfaßt *rizq* auch die geistige und seelische Nahrung. Diesen spirituellen Bedarf betont er stärker als den materiellen. Man sollte wirklich bedenken, daß Gott mit den Gesetzen, die die Materie regeln, alles bereitstellt, was zur Erhaltung der ganzen Schöpfung notwendig ist, daß aber der Mensch durch seine Willensfreiheit oft auch verändernd und äußerst schädigend in die Umwelt eingreift und ihr Gleichgewicht stört. Die Materie braucht zu ihrer Erhaltung letztendlich Gottes Existenz, und die beste Nahrung für die Seele ist das Wissen um sein Dasein. Die Nahrung, die von Gott kommt, ist rein. Der Mensch aber kann sie oft beflecken, wenn er ihre Herkunft nicht erkennt oder ihren Zweck ändert. Der Sufismus sieht in der Jungfrau Maria die Eigenschaft Gottes **al-Razzâku**. Im Koran (XIX, 24–26) heißt es: „Da rief er ihr von unten her zu: Sei nicht traurig! Dein Herr hat unter dir ein Rinnsal gemacht. Und schüttle den Stamm der Palme an dich! Dann läßt sie saftige, frische Datteln auf dich herunterfallen. Und iß und trink und sei frohen Mutes!"

'ABD-AL-RAZZÂQ. Mit dieser Namensgebung erhofft man, Gott möge seinen Träger reich machen, damit er seinerseits einen Teil seines Besitzes in einer der vielen Formen der Wohltätigkeit weitergebe. Damit sind nicht nur materielle Güter gemeint, sondern auch Bildung, Kunst und gute Worte.

19

al-FATTÂHU
Der Trennende

Andere Bedeutungen: Derjenige, der öffnet, aufschließt und löst;
Der Schiedsrichter, Der Sieger, Der Enthüllende. Kommt im Koran immer
wieder vor, z.B. VII,40; XXXIV,26; XXXV,2.

Die Wurzel *f-t-h* (öffnen, erobern) bedeutete ursprünglich "einen Konflikt durch Schiedsspruch entscheiden", und unter dieser Bedeutung kommt der Name für gewöhnlich im Koran vor (XXXIV,26; usw.). Je nach den Inhalten, die sich aus der Wurzel und ihrer Anordnung ergeben, hat dieser Begiff drei Bedeutungsebenen: Als aktives Attribut kennzeichnet er den Siegreichen, als Redeattribut den Richter, der das Urteil spricht, und als Willensattribut den Richter, der die Entscheidung trifft. Bei al-Ghazzâlî ist er der Enthüller, derjenige, der den Menschen das für sie Verborgene entschleiert.

In der Sure XXXIV,26 heißt es: „Sag: Unser Herr wird uns versammeln. Hierauf wird er zwischen uns nach der Wahrheit entscheiden (...)". Damit wird an den Namen **al-Dschâmi'u** (der Versammelnde, Nr. 87) angeknüpft. In Sure XXXV,2 weist der Name eher auf „den Spender" hin: „Wenn Gott den Menschen Barmherzigkeit fließen lassen will, gibt es niemand, der sie zurückhalten könnte. Und wenn er etwas zurückhält, gibt es niemand, der es daraufhin freigeben würde."

In Sure VII,40 steht: „Denen, die unsere Zeichen für Lüge erklären und sie hochmütig ablehnen, werden die Tore des Himmels nicht geöffnet, und sie werden so lange nicht in das Paradies eingehen, bis ein Kamel in ein Nadelöhr eingeht. So vergelten wir den Sündern."

Hier ist der Name zu verstehen als „derjenige, der das Geschenk der Freigebigkeit aufschließt und der löst, was gefesselt und verhärtet ist". Man könnte auch sagen „der die Knoten und Hindernisse löst", und zwar in materieller (Armut, Arbeitslosigkeit) als auch in seelischer Hinsicht (Verzweiflung, Unsicherheit und Angst). Gott, der Löser schwerer seelischer Blockaden und Konflikte, zeigt den Weg des Friedens bei Problemen in der Familie. Er motiviert uns, die Tore der Barmherzigkeit und Güte aufzuschließen, so wie er es tut. Die berühmte weibliche Sufi Rabi'a hörte eines Tages einen Prediger, der zu seinen Schülern sprach: „Klopft an, und es wird euch aufgemacht", worauf sie erwiderte: „Nein! Gottes Tür ist immer offen. Er ist **al-Fattâhu**."

'ABD-AL-FATTÂH. Der Inhaber dieses Namens sollte seinem Nächsten helfen und sich bemühen, Probleme zu lösen und verhärtete Herzen aufzuschließen. Er sollte edelmütig sein und auch andere Menschen dazu anspornen.

20

al-'ALÎMU
Der Allwissende

Im Sinne von „der über alles Bescheid weiß." Variante: 'Allâmu.
Im Koran kommt dieser Name immer wieder vor, z.B. II,115; II,181; II,216;
II,255; III,66; III,73; III,119; III,154; IX,28; XV,86; XXXIII,51;
XXXVI,79; LXXVI,30.

Dieser Name bedeutet „Kenner, Wissender" und ist von dem Eigenschaftswort *'alim* abgeleitet. Auf Gott angewendet erhält es die Bedeutung „Allwissender", „der, der alles vollkommen weiß", „der, dem die Weisheit absolut zugehört". Der Koran deutet an, daß mit dem Verb *'ahata*, gefolgt von dem Wortteil *bi* (umarmen, umhüllen, umfassen) das göttliche Wissen als allumfassend zu verstehen ist. Die Formel: „Gott ist mit Gewißheit derjenige, der (mit seinem Wissen) alles umhüllt" wird für gewöhnlich wiedergegeben mit „Gottes Wissen erstreckt sich auf alles". Auf den Menschen bezogen steckt in der Form *'allâma* „überaus weise" ein Begriff, der auf Gott nicht anwendbar ist, da er auf allmählich erlangtes, aber nicht umfassendes Wissen hinweist. Gottes Weisheit aber ist absolut und wohnt ihm von jeher inne.

Ein Hadith des Propheten Mohammed sagt: „Wer einen Weg geht, um Wissen zu suchen, dem wird Gott einen Weg zum Paradies ebnen." Mohammed sagte auch: „Macht euch auf die Suche nach

71

Wissen, und müßtet ihr darum bis nach China gehen." Das steht in unmittelbarem Zusammenhang mit den Versen 3–5 der XCVI. Sure: „Trag vor! Dein höchst edelmütiger Herr ist es ja, der den Gebrauch des Schreibrohrs gelehrt hat, den Menschen gelehrt hat, was er nicht wußte."

An dieser Stelle sei an das folgende lateinische Sprichwort erinnert: *Nam sine doctrina vita est quasi mortis imago.* (Ohne Wissen ist das Leben gleichsam ein Abbild des Todes.)

Die Abhängigkeit unseres Wissens von Gott ist augenscheinlich. Alles Existierende ist von Gott geschaffen, darum können wir – nach dem Grundgesetz, wonach jedes geschaffene Ding geringer ist als sein Schöpfer – von der Weisheit (und von Gott) nur einen winzigen Teil erfahren. Obgleich die Menschheit die Erde seit Jahrtausenden bewohnt, kennt sie doch nicht viel von ihr. Damit sie das Göttliche besser verstehen, hüten sich die Sufis vor allem vor einer einengenden Beschreibung Gottes, wie sie durch den Gebrauch von menschlichen Begriffen und Bildern geschieht. In den Attributen und Namen Gottes sehen sie Hinweise für ein mögliches menschliches Verständnis, die Gott aber letztlich nicht betreffen.

Anderseits haben wir aber wesentlichen Anteil an diesem riesigen Schatz potentiellen Wissens. Gemäß dem Auftrag „geboren werden, heißt lernen" spüren wir vom Augenblick unserer Geburt an Gottes Dasein. Dieser Instinkt führt uns aus natürlichem inneren Antrieb zum Glauben. Er darf aber nicht mit Religion verwechselt werden, denn diese ist die „bürokratisierte", wenngleich notwendige Kodifizierung des Glaubens.

Ein gewisser Intellektualismus und die Anmaßung, viele Phänomene der sichtbaren Welt erkennen zu können, führen materialistisch eingestellte Wissenschaftler häufig dazu, dem eigenen Glaubenstrieb untreu zu werden und die Religion, die die Glaubensinhalte in ein System bringt, zu verspotten. Das ist der verführerische, der Materie innewohnende „Materialismus", den man symbolisch einfach Satan nennt. Dem Koran nach ist Satan aus Feuer geschaffen, im Unterschied zu den Engeln, die aus Licht geschaffen wurden. Wissensgier und brennende Leidenschaften sind der Gegensatz zum Licht des Guten und zur geistlichen Weisheit, wie Rûmî sagte. „Und Satan verführte viele", heißt es im Koran.

Die große Bedeutung der göttlichen Allwissenheit kommt im Koran durch die Zahl der darauf hinweisenden Verse zum Ausdruck: Gott ist derjenige, der alles weiß (159 Verse), er kennt das Geheimnis und das Verborgene (32 Verse), er allein kennt die Stunde des Gerichts (7 Verse), er kennt die Gerechten und die Gläubigen (8 Verse), er kennt die den rechten Weg gehen (8 Verse), er kennt die Ungerechten und ihre Frevel (23 Verse), er kennt die Gedanken und was in den Herzen vorgeht (27 Verse), er kennt die Handlungen der Menschen (14 Verse), er kennt das Gute, das ihr tut (5 Verse), er kennt was die Menschen verbergen und was sie offenlegen (21 Verse), er weiß über alles vollkommen Bescheid (44 Verse).

Der mit dem Attribut des Wissens *('ilm)* unmittelbar verbundene Name **al-'Alîmu** ist ein Attribut der Essenz *(dhâtî)*. Für al-Dschurdschânî hingegen handelt es sich um ein „natürliches" Attribut *(haqîqî)*.

'ABD-AL- 'ALÎM. Wer diesen Namen erhält, soll nach der Weisheit des Geistes *('irfân)* streben und zwar mit der Feinfühligkeit des Herzens und nicht mit dem Verstand.

21

al-QÂBIDU
Der Abmessende

Dieser Name bedeutet wörtlich „Derjenige, der zurückhält";
daraus wurde im erweiterten Sinn „Der Sparsame", „Derjenige, der ergreift",
„Derjenige, der zwingt". Im Koran: XLII, 27. Dieser Name muß
mit dem zusammen folgenden rezitiert werden.

Mit der Wechselbedeutung „er gibt" – „er nimmt" enthält der
Name auch die Bedeutung von Strafe und Ahndung, ebenso wie von
Verzeihen und Gnade. Im negativen Sinn ist er für den Menschen
eerjenige, er sein Geschöpf auf die Probe stellt. Dies allerdings nicht
durch untragbare Prüfungen wie es im Koran heißt: „von niemand
wird mehr verlangt als er vermag" (II,233), „wir verlangen von niemand mehr als er vermag" (VII,42). Faßt man den Namen jedoch im
positiven Sinn auf, dann ist Gott derjenige, der ein Übermaß an Ver-
suchungen und Schicksalsschlägen verhindert.

Dieser Name und die fünf folgenden kommen nicht wörtlich
im Koran vor, doch sie beziehen sich auf vorhandene Wurzeln.
Sie wurden deshalb in die Liste der neunundneunzig Namen als
„Namen der Tradition" aufgenommen, besonders auch darum, weil
sie die absolute „Unentgeltlichkeit" der göttlichen Gaben hervor-
heben.

'ABD-AL-QÂBID. So heißt ein Mensch, der sich nicht unbeherrscht hinreißen läßt, der in seinem Verhalten Mäßigung oder auch Strenge zeigt und damit – vor allem durch das Beispiel seines eigenen anspruchslosen Lebens – Übertreibung und Vergeudung entgegentritt.

22

al-BÂSITU

Der reichlich Zuteilende

Andere Bedeutung: Der (die Herzen oder das Leben seiner Diener)
weit macht. Im Koran: II,254; XLII,27.

In Sure XLII,27 heißt es: „Wenn Gott seinen Dienern den Unterhalt reichlich zuteilen würde, würden sie im Land Gewalttaten ver-
üben. Er läßt jedoch, was er will, in einem Maße herabkommen. Er
kennt und durchschaut seine Diener."

Dieser und der vorhergehende Name sagen uns durch ihren
wechselseitigen Ausgleich, daß Gott das Gleichgewicht der Unendlichkeit ist, während der sichtbaren Welt Grenzen gesetzt sind. Im
Gegensatz zu Gott, der keine Begrenzungen kennt, wechseln wir
vom Tag zur Nacht, vom Guten zum Bösen, von der Fastenzeit
(qabd) zur Zeit des Wohllebens *(bast)*. Wir haben von Gott die Gabe
erhalten, über Gutes und Böses zu verfügen, denn mit dem Namen
al-Bâsitu gewährt er uns in reichem Maße, was er als **al-Qâbidu**
ausgleicht und regelt. So haben wir alles: die Stille einer Sternennacht, den Zauber der Wüste, den überwältigenden Eindruck eines
tropischen Regenwaldes…, aber auch die geistigen Fähigkeiten,
diese Schönheit auszukosten. Die Menschen vermögen aber auch
diese Gaben zu vernichten oder anderen durch eigene Habgier zu
verwehren, daß sie sich daran in Frieden erfreuen.

Jedenfalls sollen wir die Zeiten des Wohlstands und der Ruhe maßvoll und mit der richtigen Einstellung *(adab)* verleben. wir dürfen weder Gott vergessen, noch den Vergnügungen, der Anmaßung oder dem unbeständigen Glanz des Geldes verfallen. In den Zeiten der Bedrängnis aber werden wir aus diesem Namen Kraft und Glaubensstärke erlangen. Der Ausgleich zwischen Überfluß und Knappheit läßt uns die Bedeutung Gottes, unserer sicheren Zuflucht, nur umso besser erkennen.

'ABD-AL-BÂSIT. Dieser Name regt dazu an, verschwenderisch zu sein, wenn es um Rat, gutes Beispiel, gütige Worte und ein freundliches Lächeln geht. Das sind die wahren Almosen, die das Herzen erfreuen und die weder Dank noch Anerkennung verlangen. Wer diesen Namen trägt, sollte seine eigenen inneren Werte harmonisch verwirklichen und sie seinen Mitmenschen freigebig zur Verfügung stellen.

23

al-CHÂFIDU
Der Erniedrigende

Im Koran: II,253; III,55; VI,83; LVIII,11. Dieser Name soll
mit dem folgenden rezitiert werden.

Wir alle wissen, daß jede Herrschaft und Macht auf Erden entsteht,
wächst, Größe erlangt, ihren Niedergang erleidet und schließlich erlischt. Man denke an die großen Reiche, die diese Welt hervor-
brachte: an das Mongolenreich Dschingis-Chans, das Riesenreich
Alexanders des Großen, an Rom oder Napoleon, an die Vereinigten
Staaten oder an die ehemalige Sowjetunion. Das Unvermögen der
Mächtigen, zum Wohle der Menschen Maß zu halten, und stattdessen ihre Befugnisse systematisch zu übertreten, führt unweigerlich
zum Sturz aller Kolosse. Wie wir sehen, findet jede Tyrannei noch
auf dieser Welt ihre Strafe.

Jede irdische Macht sollte für die Menschen und mit ihrer Zu-
stimmung zustandekommen. Wer aus Überheblichkeit nicht erkennt, daß er seine Führungsaufgabe im Interesse der Allgemein-
heit auszuüben hat, gleicht einem Menschen, der Gott für seine
Wohltaten nicht dankt und sich seiner nur erinnert, wenn er ihn
braucht. Gott ist auch der Erbarmer, der seine Strafe aufschiebt, damit derjenige, der sie verdient, in sich gehen und wiedergutmachen
kann. Er ist aber notwendigerweise auch **al-Châfidu**, der Erniedri-

79

gende. Die Menschheit könnte in größerer Harmonie leben, wenn die Regierenden, die ja aus sich selbst heraus keine Gewalt oder Herrschaft haben, sondern Gott und seine Diener vertreten, dies immer aufrichtig und ohne Frömmelei vor Augen hätten.

'ABD-AL-CHÂFID. Nach 'Alî, dem Schwiegersohn des Propheten Mohammed, soll der „Knecht des Erniedrigenden" daran denken, daß „jede Wohltat von Gott und jedes Übel aus ihm selbst kommt."

24

al-RÂFI'U
Der Auszeichnende

Andere Bedeutung: Derjenige, der zu Würde und Macht aufsteigen läßt.
Im Koran: II,253; III,55; VI,83; LVIII,11.
Dieser Name ist mit dem vorigen zu rezitieren.

Alle Macht auf Erden ist vergänglich, und nur die von Gott verliehene wirkt über den Tod hinaus. Diese Macht dient ja dem Guten und letzten Endes dem Triumph des Geistes. Es handelt sich deshalb dabei auch um geistige, nicht um materielle Größe. Die Erhöhung erfolgt nach den inneren Werten des einzelnen.

Ein wahrer Mensch läßt sich weder von Egoismus noch Egozentrik beherrschen, daher wächst er durch die Beachtung der wahren Werte. Mit politischen Kämpfen und Kriegen haben diese nichts zu tun, denn Eroberungen sind nur fiktive, äußerst zerstörerische Erhöhungen. Worin besteht die Auszeichnung, wenn jemand die gesellschaftliche Stufenleiter erklimmt, der Menschheit und der herrlichen Schöpfung aber schadet?

'ABD-AL-RÂFI'. Der Erhöhte erhebt selbst. Wer den Gipfel dieser vergänglichen Welt bezwungen hat, sieht zuletzt in der Schönheit der Welt die Schönheit des Schöpfers, die er nun auch seinen Mitmenschen nahebringen will. Dadurch kann er berühmt werden, das stellt dann einen echten Wert dar, weil er für alle diejenigen zum Symbol und zur Hilfestellung wird, die, wie er, nach der Wahrheit suchen.

25

al-MU'IZZU
Der Ehrende

Andere Bedeutung: Derjenige, der die Herrschaft gibt,
Derjenige, der Ehre und Kraft verleiht. Im Koran wird der Name aus der
häufig vorkommenden Wurzel abgeleitet, z.B. in III,26.
Er ist zusammen mit dem folgenden zu rezitieren.

Im Koran heißt es (III,26): „ Sag: Herr Gott, der du über die Herrschaft verfügst! Du gibst die Herrschaft, und du entziehst sie, wem
du willst. Du machst mächtig, und du machst niedrig, wen du willst.
Das Gute liegt in deiner Hand. Du hast zu allem die Macht."

Die volle Anerkennung der göttlichen Macht wird im Koran
zwanzigmal ausgesprochen, und zwar in den Versen, die aussagen,
daß es Gott allein zusteht, zu lenken und abirren zu lassen wen er
will.

Vielleicht sollte mehr von Ehrenhaftigkeit und Würde gesprochen werden als von irdischer Macht. Die Ehre einer Person wird
dann sichtbar, wenn diese ihren Verstand bewußt und mit der
Freude an den eigenen Fähigkeiten einsetzt, den rechten Weg dabei
dankbar vor Augen. Diese Werte bedeuten auch ein Schutzschild
gegen Unglücksfällen. Seine Wirksamkeit hängt davon ab, ob der
„von Gott Erhobene" die eigene irdische Position richtig einschätzt,
oder ob er stolz, aufgebläht und anmaßend lebt: „Wer eingebildet

und prahlerisch ist, den liebt Gott nicht, diejenigen (…) die ihr Vermögen spenden, um von den Leuten gesehen zu werden", heißt es dazu im Koran (IV, 36–38).

Wer Achtung und Ehre erlangt hat, weiß, daß in Gott die absoluten Werte liegen und nur er lobwürdig ist. Er wird sich darum von Stolz und Arroganz nicht verderben lassen.

'ABD-AL-MU'IZZ. Dieser Namensträger soll bedenken, daß die größte Ehre in der Geradlinigkeit liegt. Er soll sich durch sein Verhalten den göttlichen Gaben würdig erweisen.

26

al-MUDHILLU
Der Demütigende

Im Koran gelten die Anmerkungen zum vorhergehenden Namen.
Dieser Name ist mit dem Namen Nr. 25 zu rezitieren.

Im Koran (II,26) heißt es: „Gott schämt sich nicht, irgendein
Gleichnis zu prägen, sei es auch nur mit einer Mücke. Diejenigen
nun, die glauben, wissen, daß es die Wahrheit ist von ihrem Herrn.
Diejenigen aber, die ungläubig sind, sagen: ‚Was will denn Gott mit
einem solchen Gleichnis?‘ Er führt damit viele irre. Aber er leitet damit viele recht. Und nur die Frevler führt er damit irre.“

Der vorige Name findet hier sein Gegenstück im psychischen
und sozialen Bereich: Der Demütigende bezieht sich auf jene Menschen, die die Mächtigen in Politik und Wirtschaft achten und
ehren, die sich vor ihnen erniedrigen, um zuletzt geknechtet und ge-
demütigt zu werden – sie werden gemeinsam mit ihnen fallen. Der
Name deutet aber auch auf eine bestimmte „Strafe“ hin, die Gott
einem Menschen auf Erden auferlegen kann, auf den krankhaften
Zustand seelischen Masochismus‘. Er führt zu einer ungesunden
Selbsterniedrigung, zur Verfassung ständigen Versagens, zur Ver-
klemmtheit und ist vielleicht die Folge einer unbewußten Überheblichkeit mit der Gott und seine Güte mißachtet oder verkannt wurden.

Eine Gruppierung von Sufis, die Malâmatîyî (die des Tadels), entwickelte sich im Zusammenhang mit diesem Namen. Auf der Flucht vor allem weltlichen Tand hielten sie jeglichen Ruhm für nichtig, verrichteten die niedrigste, sogar erniedrigendste Arbeiten, und nahmen in Lumpen gehüllt die Verachtung ihrer Mitmenschen auf sich.

'ABD-AL-MUDHILL ist ein eher seltener Name. Ein Vater, der seinem Sohn diesen Namen gibt, wünscht sich, daß dieser absolute Demut vor dem unermeßlichen Gott zeigt Man kann annehmen, daß nur einige Sufis der vorher erwähnten Richtung diesen Namen tragen.

27

al-SAMÎ'U
Der Hörende

Im Sinne von: „Derjenige, der alles hört", „Derjenige, der zuhört",
„der hörend das von ihm Erbetene erhört". Im Koran: II,127; II,137;
II,181; II,224; II,256; III,34; III,35; III,121; IV,148; V,76; VI,13;
VII,200; VIII,17; VIII,42; VIII,53; VIII,61; IX,98; IX,103; X,65; XII,34;
XXI,4; XXIV,21; XXIV,60; XXVI,220; XXIX,5; XXIX,60; XLI,36;
XLII,11; XLIV,6; XLIX,1. Dieser Name ist mit dem
folgenden Namen zu rezitieren.

Beide Namen sind Attribute der Essenz, des Wesens Gottes. Sie
übersteigen folglich das rein verstandesmäßige menschliche Begreifen, denn Gott hat weder Augen noch Ohren und ist jenseits aller
vermenschlichenden Vergleiche.

Hören heißt nicht einfach hören. Wir wären krank, glaubten wir,
alles zu vernehmen. Es gibt den Klang der Planeten, der Blätter, der
Bäume, der sprießenden Blumen, der energetischen Quanten, die in
jedem Atom rotieren. Es gibt das Rascheln und die Schritte der
Ameisen, die in der sichtbaren Welt genauso wichtig sind wie unsere
Gedanken. Hören heißt zuordnen, regeln, verstehen, wachen, erhören. Für den Mensch bedeutet das nur einen Grad des Verständ-
nisses und der Anpassung an den universalen Ablauf des Lebens
rings um uns. Es bedeutet aber auch, daß wir die Ursachen des
Mysteriums verstehen lernen und die Spuren des Göttlichen wahr-

nehmen. So können wir den Schöpfer aller „Ausdrucksklänge" und unseres „inneren Gehörs" bewundern und lieben.

Denken wir nur an die Schönheit der Musik, an alles, was in der Inspiration eines Komponisten oder Interpreten mitenthalten ist, und zur Verzauberung durch Klänge beiträgt. Sie schaffen etwas Magisch-Ungreifbares und lassen uns verstehen, was Dschalâl al-Dîn Rûmî meinte: „Das Instrument ist der stoffliche Körper. Der Klang, den wir daraus erhalten, ist die Seele. Die Musik wurde geschaffen, den Menschen die Existenz Gottes begreifen zu lassen." Sein Werk *Mathnawî* beginnt mit den Worten: „Höre auf das, was die Rohrflöte sagt. Sie klagt über die erlittene Trennung: / Seit man mich vom Röhricht abgeschnitten hat, bringe ich mit meinem Seufzen Männer und Frauen zum Weinen./ Ich suche ein durch Trennung zerrissenes Herz, damit ich ihm von dem Schmerz meines Heimwehs erzähle, / denn wer an seiner Wurzel ausgerissen wird, kehrt mit seinen Gedanken stets zu der Zeit zurück, da er noch mit ihr vereint war."

So lernen wir, dem, der uns einen winzigen Anteil an seinem Namen „der Hörende" gegeben hat, dankbar zu sein, denn durch diesen winzigen Anteil dürfen wir das Wunderwerk der Musik genießen.

Ein berühmter Hadith zitiert folgende von Gott inspirierte Worte: „Mein Knecht naht mir in ständiger Anbetung, so daß ich ihn liebe. Und da ich ihn mit meiner Liebe bekleide, werde ich seine Ohren, mit denen er hört, seine Augen, mit denen er sieht, seine Zunge, mit der er spricht und seine Hand, mit der er hält."

'ABD-AL-SAMÎ'. Das Gehör, das man einem Kind wünscht, dem man diesen Namen gibt, ist das Gehör für göttliche Dinge, ein Vernehmen der unendlichen Güte Gottes, wie sie sich in allen Klängen des Universums ausdrückt.

28

al-BASÎRU
Der Sehende

Im Sinne von „Der, der alles sieht". Im Koran kommt dieser Name
vierundvierzigmal vor, u.a. II,96; II,110; V,71; XVII,1; XXXI,28;
XLII,11. Er ist mit dem vorigen zu rezitieren. Für ihn gelten dieselben
Überlegungen hinsichtlich des Attributs der Essenz wie
für den vorhergehenden.

Wie wir wissen, besteht ein wichtiger Teil unseres Seins, neben den
Handlungen, aus unseren Gedanken. Nur der einzelne Mensch
kann in sein Inneres einkehren und seine Gedanken „sehen". Diese
Wahrnehmung entzieht sich dem Sehorgan als das körperliche Sehen. Diese Fähigkeit, ihre Bedeutung und Inhalte sind mit der göttlichen Fähigkeit nicht vergleichbar, denn diese ist kein Sehen mit
den Augen.

Dazu sagt Tosun Bayrak al-Dscherrâhî: „Er sieht alles, was war,
alles, was ist, alles, was sein wird bis zum Ende der Zeiten, seit der
Zeit, da er das Meer des Nichts in *alam al-lahut* in Bewegung setzte
bis zu dem Tag, der auf den Tag des Jüngsten Gerichts folgt. Auch
hat er seinen Geschöpfen die Fähigkeit verliehen, seine Schöpfung
wahrzunehmen. Einige sehen Formen, Farben und Bewegungen
besser als der Mensch (man denke an den Adler und an den Luchs),
ihm aber gab er ein Auge des Herzens, um tiefer zu blicken als mit

dem Auge: nämlich in das eigene Innere. Dieses Auge nennt man *basîra*. Auch wenn wir Gott nicht sehen können – nur er vermag sich selbst zu sehen – sehen wir doch mit *basîra* uns selbst. Dabei erfahren wir, daß er uns sieht, auch wenn wir ihn nicht erblicken, und nicht nur unser Äußeres, sondern auch unseren Geist und unser Herz. Wer sich sieht und erkennt, weiß, daß Gott ihn sieht."

Warum also denken oder handeln wir negativ und schaden unseren Mitmenschen? Warum begehen wir in unserem Inneren Frevel, die auch von unserer Umwelt, wenn sie davon erführe, verurteilt würden? In dunkler Verborgenheit glaubt ein Mörder, Dieb oder Schänder vielleicht, vor Verfolgung sicher zu sein, weil er nicht gesehen wird, aber sein „inneres Auge", seine Selbsterkenntnis – von vielen Gewissen genannt – sieht ihn unweigerlich doch. Sobald man gegen die eigene Erkenntnis handelt, setzt ein psychischer Verfallsprozeß ein, der Geist und Seele schädigt. Dieser Verfall wirkt sich leider auf die ganze Familie und auf die Kinder aus, die oft für die Sünden der Väter zu zahlen haben. Das erweist sich bei fast jeder psychotherapeutischen Behandlung.

'ABD-AL-BASÎR. Dieser Name ermahnt dazu, nicht nur das rein Materielle zu sehen, sondern ehrfürchtig in die Bereiche des Universums einzudringen, die Gottes Ehre preisen.

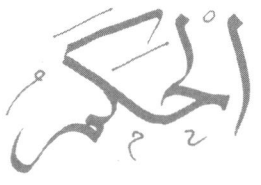

29

al-HAKAMU

Der Richter

Im Sinne von „der Richter in der Ausübung seiner souveränen Oberherrschaft". Andere Bedeutung: Der Schiedsrichter. Variante: **Hâkimu.** Im Koran kommt der Name sechsundfünfzigmal vor, darunter II,32; II,129; II,260; III,6; III,18; III,62.

Die Bedeutung dieses Namens ist mit **al-Fattâhu** (Nr. 19) vergleichbar. Er enthält sowohl den Begriff der Weisheitals auch der Vorsehung. Die Schattierungen und Vielschichtigkeit der vieln Bedeutungsmöglichkeiten arabischer Begriffe sind in anderen Sprachen nicht immer wiederzugeben. Die verschiedenen Bedeutungsvarianten entstanden aus der Berührung der arabischen Sprache mit dem philosophischen Gedankengut der Türken und Perser. Sie wurden von diesen so angeordnet, daß sie zu den mystisch-transzendenten Werken der Sufis im Kontrast standen. Al-Ghazzâlî verknüpft den Inhalt dieses Namens mit den Attributen des Wissens, der Rede und des Wirkens Gottes.

Hakam (der Schiedsrichter, der über einen Streit entscheidet) kommt von *hakama* (richten). Daraus leite sich *hakim* ab, was den Inhaber einer allgemeingültigen Autorität von der Gerichtsbarkeit bis zur Provinzverwaltung bezeichnet. Ein häufig verwendetes sinnverwandtes Wort in der Fachsprache ist *muhakkam* (einen

Kompromiß schließen). Das wiederum führte zu *tahkîm*, was „der Schiedsspruch", „der rechtliche Kompromiß" bedeutet. Diese Bedeutungen ergaben sich aus dem Umstand, daß die Rechtssprechung im vorislamischen Arabien in den Händen von Schiedsrichtern lag, die von beiden Parteien einvernehmlich gewählt wurden, sofern sie zu keiner privaten Regelung oder Lösung kommen konnten oder wollten. Der Koran nahm sich der Frage an und erließ Gesetze und sittliche Verhaltensvorschriften. Daraus gingen die Rechtsgelehrten hervor, die in erster Linie Theologen waren.

Nur Gott kann die endlose Kette von Nebenumständen und Wirkursachen erkennen, die einen Menschen zu einer (tatsächlichen der scheinbaren) Unrechtshandlung führen. Darum ist es auf Erden sehr schwierig, absolut gerecht Recht zu sprechen. Gott ist der einzige Richter, der Gerechtigkeit und Wahrheit schafft. Seine Vorschriften dürfen daher nicht kritisiert werden, denn keiner von uns kann sie verstehen. Dennoch sollen die Menschen versuchen, vor allem über sich selbst, gute Richter zu sein; und zwar indem sie lieben und nicht hassen, sittlich und nicht egoistisch handeln, und für die eigenen Handlungen bewußt die Verantwortung übernehmen, anstatt Sündenböcke dafür zu suchen. Die richtige Selbsterkenntnis gehört wohl zu den schwierigsten Dingen.

Somit zeigen sich verschiedene Ebenen von „Rechtssprechung": Über Glaube und Religion zu urteilen, steht nur Gott zu. Niemand kann sich das Recht anmaßen, einen Menschen als „guten oder schlechten Gläubigen" zu beurteilen, da niemand alle Umstände kennt. Die Beurteilung von Handlungen, die die menschliche Gemeinschaft betreffen, ist eine Aufgabe der Gesellschaft, doch muß sie dabei bescheiden, gelassen, vorurteilsfrei und frei von seelischen Verirrungen vorgegehen und die ethische wie religiöse Bedeutung des Urteils berücksichtigen. Das ist natürlich nicht immer leicht. Daher gibt es für den Koran – und folglich für den Islam – keinen größeren Frevler auf Satans Spuren als einen bestechlichen, habgierigen und veruntreuenden Richter.

'ABD-AL-HAKAM. Ein Mensch dieses Namens soll nach ausgewogener und umsichtiger irdischer Gerechtigkeit streben, mögen ihr auch noch so enge Grenzen gesetzt sein.

30

al-'ADLU
Derjenige, der gerecht und billig ist

Im Koran: VI,115.

Im allgemeinen Sprachgebrauch bedeutet al-'Adlu „der absolut unanfechtbare Richter". Nach Ibn al-'Arabî, der mit diesem Namen noch **al-Muqsitu** (der Gerechte, Nr. 86) verbindet, verteilt Gott **al-'Adlu** alles nach Verdienst, sowohl die Anlagen als auch die erworbenen Eigenschaften.

Als negatives Attribut besagt der Name, daß von Gott nichts Böses kommen kann und, daß die wahre Gerechtigkeit auf Erden das absolute Gegenteil von Tyrannei ist. Darum ist Gerechtigkeit die Garantie für Frieden, Ordnung und Harmonie. Aus diesem Grund hält der Islam die Tyrannenherrschaft in jeder, auch in religiöser Hinsicht, für gesetzwidrig.

Von der Wortgeschichte her kann der Ausdruck ein Hauptwort oder ein Eigenschaftwort sein, wobei die jeweiligen Bedeutungen nicht übereinstimmen. Als Hauptwort bedeutet er „Gerechtigkeit", als Eigenschaftwort „geradlinig, billig, ausgewogen". Hauptwörtlich gebraucht bezeichnet er Personen als auch Sachinhalte „von hoher Sittlichkeit". Der Begriff erscheint in religiösen, theologischen, philosophischen und rechtswissenschaftlichen Texten in beiden Formen.

Gottes Gerechtigkeit bildet eines der fünf Grundprinzipien der mu'tazilîtischen Lehre und Theologie. Die Eigenschaft *'adâla*, die sich aus *'adlu* ableitet, ist ein Zustand sittlicher und religiöser Vollkommenheit, zu dem nur außergewöhnliche Menschen gelangen. In jüngerer Zeit büßte der Ausdruck seine Ausschließlichkeit ein und bezeichnet eine ethisch hochstehende Person.

Die Frage der Gerechtigkeit als Gegensatz zur Tyrannei führte im Islam zu einer Reihe von ethisch-philosophischen Betrachtungen. Sie behandeln die Verteilung von Aufgaben und Pflichten (ein guter Arbeitgeber mit verantwortungsbewußten Arbeitern; ein guter Lehrer mit fleißigen Schülern; ein guter Organisator mit solidarischen Mitarbeitern), ihre Übereinstimmung mit Dankbarkeit, Loyalität und Vertrauen *(schukr, ridâ, tawakkul)* und selbstverständlich die Berücksichtigung der jeweils individuellen Situation. Die Verbesserung der eigenen Lage ist nämlich etwas Wünschenswertes und Erlaubtes, sofern niemand dabei geschädigt wird. So ist die göttliche Gerechtigkeit also keine unrealisierbare, demagogische Gleichmacherei, sondern eine gerechte, harmonische Differenzierung gemäß der *'adâla*.

Die Gerechtigkeit gehört zweifellos zu den höchsten und stärksten Bestrebungen des Menschen. Schon in der Kindheit (ungefähr mit acht Jahren) entwickelt er eine Phase intensiver Gerechtigkeitsliebe, die mit dem Wunsch verbunden ist, gerecht behandelt zu werden. Dieser Durst nah Gerechtigkeit verblaßt durch die vielen Kompromissen mit den weltlichen Gegebenheiten und durch die teuflischen Verführungen des Materiellen. Doch selbst in ihren besten Momenten bleibt diese Gerechtigkeitsliebe nur ein ganz schwacher Abglanz der göttlichen Gerechtigkeit.

'ABD-AL-'ADL. Mit diesem Namen will ein Vater seinen Sohn dazu anhalten, die Gerechtigkeit im Auftrag Gottes zu verteidigen, indem er selbst immer gerecht handelt und auch das Negative, das in sein Leben treten kann, annimmt.

96

31

al-LATÎFU
Der Freundliche

Andere Bedeutung: Der Huldvolle, Der Zartfühlende, Der Ungreifbare, Der Unwägbare. Im Koran: VI,103; XII,100; XXXI,16; XLII,19; XLVIII,14.

Latîf kann zwei verschiedene Bedeutungen haben. Zum einen heißt es „fein, dünn, zart". Al-Ghazzâlî stellt so auch die Geistseele dar: „Ein zartes Gebilde, dessen Quelle die Höhlung des fleischlichen Herzens ist." Im erweiterten Sinn meint es die künstlichen Gespinste des Teufels. Zum anderen bedeutet es „freundlich, zart, wohlwollend" gemäß der Bedeutung des Korans: „Gott ist barmherzig und bereit zu vergeben" (VI,54; etc) und „gütig gegen seine Diener" (XLII,19). In der weiblichen Form *latîfa* bedeutet es „Feinheit, Zartheit" und ist gleichbedeutend mit *daqîqa* „etwas Dünnes, Feines, Zartes".

Als Wirkattribut zeigt dieser Name, daß Gott seinen Geschöpfen freundliche Huld schenkt *(lutf)*, um ihnen beizustehen. Für Fachr al-Dîn Râzî (gest. 1210) bedeutet er als Wissensattribut, daß Gott der Scharfsinnige, die verborgensten Dinge weiß. Für Zamachscharî (gest. 1134) ist er „derjenige, der von Blicken nicht erreicht wird". Für die Sufis des Dscherrâhîordens weist der Begriff eher darauf hin, daß Gott die Eigenschaft der höchsten Schönheit besitzt, und zugleich die Eigenschaft des Erkennens und Spendens von Schönheit. Aus dieser absoluten Schönheit geht die Schönheit des Geistigen hervor, die harmonische Schönheit der Schöpfung und die Kategorien des Ästhetischen, in ihren Auswirkungen als geistige und geistliche Freuden.

'ABD-AL-LATÎF. Der Träger dieses Namens soll die Zartheit und Sehnsucht, die ihn zu Gott zieht, und die sich vor allem in der Schönheit der Schöpfung zeigt, festhalten, denn das ganze Universum ist schön durch Gott.

32

al-CHABÎRU
Der Scharfsinnige, Der Wohlunterrichtete

Im Koran: VI,103; XI,1. Die erste Bedeutung wird traditionell
vorgezogen und der Name zu **al-'Alîmu** (der Allwissende, Nr. 20)
in Verbindung gebracht.

Gott kennt die tiefsten Geheimnisse aller seiner Geschöpfe; das besagt dieser Name als Wissensattribut. Als Redeattribut weist er auf
Gott als denjenigen hin, der frei entscheidet.

Gottes Wirklichkeit ist die Schöpferkraft, von der alles abhängt.
Darum durchdringt er alles und gelangt bis in die entferntesten
Winkel des Universums, dessen kleinste Einzelheiten er vollkommen kennt. Auf diese Weise sind alle Dinge miteinander verfloch-
ten, sie hängen voneinander ab und sind in einer ständig veränder-
baren Verknüpfung von Ursache und Wirkung in vollkommener
Weise aufeinander zugeordnet. Das gilt nicht nur für den Augenblick, sondern als eine Art globale Abstimmung all dessen, was war
und was sein wird, und aus einem Wissen heraus, dessen Vorstellung
unsere menschliche Denkfähigkeit übersteigt.

So ist **al-Chabîru** auch Gott, der alles weiß. Es ist daher müßig,
Böses im Verborgenen zu tun, denn wer es begeht, weiß es selbst,
und Gott weiß darüber immer vollkommen Bescheid.

'ABD-AL-CHABÎR. Dieser Name paßt zu einem geistig interessierten Menschen, der den Lauf der Geschehnisse und ihre Bedeutung verstehen möchte. Wer so heißt, soll zu einem höheren Grad von Bewußtheit über die Geschehnisse sowie ihrer zukünftige Auswirkungen gelangen.

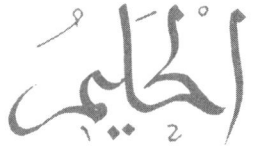

33

al-HALÎMU
Der Milde, Der Langmütige

Im Koran: XVII,44; XXII,59.

Als negatives Attibut kann es heißen „derjenige, der langsam im Strafen ist" und hat von daher die Bedeutung „der Langmütige". Allerdings steckt in dieser Lesart der Wunsch des Menschen, mehr Zeit für seine Entfaltung, Reue und Umkehr zu haben. Wäre Gott sogleich bereit, zu strafen, dann hätte der Sünder in der Tat nicht immer Zeit, in sich zu gehen und sein Unrecht einzusehen. Wenn er auch sein ganzes Leben dazu benötigt, ist seine Besserung von ungleich höherer Wirkung als seine Bestrafung.

Hilm (Langmütigkeit) war eine der Eigenschaften oder vielmehr hohen Tugenden, die von den vorislamischen Arabern verehrt wurden. In ihren dichterischen Wettkämpfen *(mafâhîr)* wurde sie besonders hoch gepriesen.

'ABD-AL-HALÎM. Von einem Träger dieses Namens erwartet man, daß er sich sanftmütig und gutartig verhält, daß er lieber verzeiht, statt straft, und daß er auch gegen die Fehler seiner Mitmenschen, die ihn beleidigen oder ihm schaden können, Nachsicht übt. Auf diese Weise wird er, dank seiner natürlichen Herzensgüte, immer heiter und somit siegreich sein.

34

al-'ADHÎMU

Der Erhabene

Andere Bedeutungen: Der Glänzende, Der Unermeßliche,
Der Unmeßbare. Variante: **'Azîm**. Dieser Name kommt im Koran
häufig vor, z.B.: II,255; XLII,4.

Auf Gott bezogen, wird der Ausdruck am besten mit „der Uner-
reichbare" übersetzt, in bezug auf den Namen ergibt sich „der Erhabene". Bedenkt man die göttliche Huld, wird man lieber „der
Unmeßbare" verwenden. Gott als Spender künftiger Belohnung
und Freude ist „der Uneingeschränkte" und Gott, der die Höllen-
strafe verhängt, ist „der Furchtbare, der Schreckliche".

Viele Menschen verfolgen ein Ideal irdischer Größe. Das größte
Reich war das Mongolenreich Dschingis-Chans, doch auch sein
Ruhm oder der Alexanders des Großen oder Napoleons sind nichts
im Vergleich zu einem überwältigenden Sonnenuntergang. Jede
menschliche Größe ist relativ und beruht sicher nicht immer auf
dem Wohle aller.

Jeder Mensch kann große Taten vollbringen, aber nur Gott kann
ihm, der nicht die Krone der Schöpfung ist, das Leben schenken.
Selbst ein Grashalm preist die Ehre Gottes, denn jeder einzelne ist
ein chemisches Labor, das unsere menschlichen Möglichkeiten
übersteigt.

Als Buddha kurz vor seinem Tod einen Nachfolger auswählen wollte, befragte er seine Schüler über das Wesen seiner Lehre. Alle bemühten sich um möglichst tiefsinnige, ausgeklügelte Sätze. Ananda pflückte schweigend eine Blume und reichte sie Buddha. Dieser sagte zu ihm: „Du bist ein Erleuchteter!" Wer diese Geste versteht, begreift auch das Wesen der Ehre Gottes.

'ABD-AL-'AZÎM. Wer diesen Namen trägt, soll versuchen, Gottes Herrlichkeit zu begreifen. Auch wenn er zu Großem berufen ist, soll er sich dessen nicht rühmen, vielmehr in den Werken des Schöpfers und in den edlen Handlungen der Menschen Gottes Schönheit suchen.

35

al-GHAFÛRU
Der Nachsichtige

Kommt im Koran oft vor,
z.B., II,173; IV,110; IX,91; XLVI,8; LVIII,12.

Nach al-Ydschî und al-Dschurdschânî kann dieser Name mit **al-Ghaffâru** (Nr.15, der Verzeihende) in Zusammenhang gebracht werden, so wie **al-Rahmânu** und **al-Rahîmu** miteinander verbunden sind. Bei al-Ghazzâlî sagt der Name **al-Ghaffâru** die Güte Gottes aus, der auch immer wiederkehrende Sünden verzeiht, während **al-Ghafûru** die unumstößliche und unendliche Eigenschaft Gottes als eines Verzeihenden aussagt.

Zunächst besteht Gottes Bereitschaft zu verzeihen darin, daß er die Verfehlungen eines Menschen, der gesündigt hat, aber seine Schuld erkennt und bereut, verbirgt, damit er seine Reue vertiefen kann. Für den Weg der Reue ist es tatsächlich besser, sich innerlich zu schämen, als der Verachtung der Menschen ausgesetzt zu werden. Empfindet eine vom rechten Weg abgekommene Person schließlich eine zu tiefe Beschämung, kann sie leicht zusammenbrechen und die Kraft verlieren, aus diesem Zustand wieder herauszukommen. Alle diese Faktoren müssen erwogen, gewertet und verglichen werden – eine Aufgabe, die für den einzelnen undurchführbar ist, aber auf Gottes Vermögen **al-Ghafûru,** auf den Verzeihenden, hinweist.

Auch Dante widmete in seiner *Göttlichen Komödie* einen Abschnitt der „clemenza di Tito", der Milde Gottes, um ihre große Bedeutung hervorzuheben.

'ABD-AL-GHAFÛR. Ein Mensch, der zu verzeihen bereit ist, erweist seinen sittlichen und sozialen Wert. Sein Name soll ihn dazu auffordern.

36

al-SCHAKÛRU
Der Dankbare

Andere Bedeutung: Der Vergelter. Variante: **al-Schâkiru**.
Im Koran: III,145.

Dieser Name kommt von *schukr* (Dankbarkeit) und ist sinnbildlich aufzufassen. Als Wirkattribut verstanden ist Gott „derjenige, der für weniges großen Lohn gibt", als Redeattribut ist er „derjenige, der das Lob dessen verkündet, der ihm gehorcht".

Wie es in den Evangelien vom kleinen Senfkorn heißt, kann Gutes noch viel Besseres bewirken. Ein einleitendes Lächeln kann eine ganze Phase allgemeiner Freundlichkeit hervorrufen, wohingegen eine, wenn auch geringe, schlechte Tat, die man auf sich beruhen läßt, zu verheerenden großen Kriegen führen kann.

Gott **al-Schakûru** zeigt dem Menschen den Weg der Dankbarkeit und des Guten auch im kleinen. Diesen Weg soll jeder so gut er kann und ohne heuchlerische Übertreibung beschreiten. Ein dankbarer Mensch wird sich auch über weniges freuen und die erhaltenen Gaben, auch die seelischen und geistigen, richtig nutzen. So entgeht er den Gefahren des Geizes, der Selbstsucht, Gleichgültigkeit und Trägheit. Wer sich im richtigen Maße bescheiden kann, besitzt eine Gabe, die ihn von Habgier, Verlustängsten und Frustration befreit und zu einem heiteren, ruhigen Menschen werden läßt.

'ABD-AL-SCHAKÛR. Wer so heißt, soll all das Gute auf der Welt wahrnehmen und begreifen, daß es von Gott kommt. Dann kann er als heiterer, dankbarer Mensch an Gottes Gaben Freude haben.

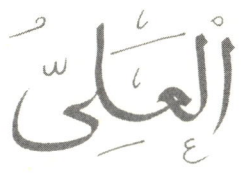

37

al-'ALÎYYU
Der Höchste, Der Oberste

Dieser Name ist gleichbedeutend mit **al-Mutakabbiru**
(Der Stolze, Nr. 11); seine Steigerung ist **al-'A'lâ**: Der Erhabenste. Variante:
'Alî. Im Koran: II,255; IV,34; XXII,62; XXXI,30; XXXIV,23;
XL,12; XLII,4; XLII,51.

Nach al-Ghazzâlî weist dieser Name am deutlichsten auf die Über-
legenheit Gottes, des Ursprungs aller Dinge, hin, da alles von ihm
abhängt. Dieselbe Auffassung vertritt auch al-Hallâdsch:

„Wenn du sagst: „wann?", war er schon vor diesem Augen-
blick da.
Wenn du sagst: „vorher", dann ist dieses Vorher nach ihm.
Wenn du sagst: „er", dann ist das **e** und das **r** seine Schöpfung.
Wenn du sagst: „wie?", dann ist seine Wesenheit der Beschrei-
bung entzogen, durch die Art, wie er ist.
Wenn du sagst: „wo?", hat seine Existenz diesen Ort
überwunden.
Wenn du fragst: „Wer ist er?", ist sein Selbstsein ein ganz
anderes.

Er ist der Höchste: Er steht absolut über allem, was sich Menschen
an Hohem, Großartigem, Unermeßlichen vorstellen können. Er

steht über allen Attributen und über allen Handlungen, die Menschen ihm zuschreiben. Muhî al-Dîn Ibn al-'Arabî verfaßte in diesem Zusammenhang in *Fusus al-Hikam* eine ausführliche philosophisch-mystische Darlegung: „Einer der Vollkommenheitsnamen Gottes ist der Allerhöchste. Aber in Beziehung wozu ist er der Höchste, da es keinen gibt außer ihm? Ist er in sich selbst der Höchste oder in bezug auf etwas? Alles ist ja er; darum ist er in sich selbst der Höchste. Auch sind die vergänglichen Daseinsformen – er ist das Sein alles Existierenden – in ihrem wesentlichen Kern erhoben, da sie mit ihm essentiell identisch sind. Gott ist der Höchste, für ihn gilt keine Relativität, hingegen für die Essenzen, die in sich nicht existieren können und auch nicht aus sich selbst heraus den Anschein des Existierens haben. Trotz der Vielfalt ihrer Formen in der sichtbaren Welt bleiben sie, wie sie sind, wohingegen die Bestimmung des Wesens des höchsten Seins in allem und für alles einzig ist. Die Vielfalt besteht nur in den Namen, die nichtvorhandene Bezüge und Gegebenheiten darstellen. Die einzige und alleinige Bestimmung Gottes Wesens ist der Seiende, der in sich selbst der Höchste und in keiner Weise auf etwas bezogen ist."

'ABD-AL-'ALIYY. Dieser Name wird einem Menschen gegeben, der sich durch Tugend, Intellekt, Großmut und bedingungslose Hilfsbereitschaft auszeichnen soll.

38

al-KABÎRU
Der Große

Im Koran: XXXI,30.

Die Steigerungsform von *kabîr* (groß) ist *akbar* (der Größte) und war z.B. der Name des indischen Großmoguls. Bezogen auf Gott übersteigt *kabîr* jedoch jede superlative Form, wenn auch nicht im grammatischen Sinn. Jeder Gottesname muß immer als etwas Absolutes verstanden werden. Gott ist nicht nur unübertreffbar, sondern auch unvergleichbar, wie implizit jeder Begriff, den Menschen auf Gott anwenden.

Für al-Ydschî ist dieser Name gleichzusetzen mit **al-Mutakabbiru** (Nr. 11) und **al-'Alîyyu** (Nr. 37). Für al-Ghazzâlî hingegen ist er ein gleichbedeutend mit **al-'Adhîmu** (Nr. 34) und betont die absolute Vollkommenheit des göttlichen Seins, von dem alle Geschöpfe abhängen. Die ganze Schöpfung ist ein Beweis für die unermeßlich Größe Gottes. Auch der Ausdruck „unendlich", der von uns auf das Universum oder die Zeit angewendet wird, ist als Begriff falsch, denn nichts kann so „unendlich" sein wie Gott. Seine Größe übersteigt jeden uns zugänglichen Maßstab.

Davon kann uns ein einfacher Gedanke des Sufis Muhammad Ibn Sîrîn (gest. 728) eine Vorstellung geben: „Denkt an einen Felsblock, groß wie die ganze Erde. Alle tausend Jahre setzt sich ein

Sperling darauf und putzt seinen Schnabel durch kurzes Wetzen am Felsgestein. Sobald der Felsblock durch dieses Wetzen abgetragen ist, wird für das endlose All, in das wir gebettet sind, nur ein Augenblick vergangen sein. Und dieser Augenblick ist nichts im Vergleich zur Unendlichkeit eines einzigen Zeichens Gottes, der in jedem einzelnen Augenblick schafft und neu erschafft. Zu unserem Glück ist Gott **al-Kabîru** auch der Barmherzige, der Erbarmer, der Großmütige, der Liebevolle, sonst würden wir alle durch die bloße Betrachtung seiner Größe zunichte."

Das bedeutet auch, daß unsere Bemühungen um die Gunst eines Großen dieser Welt letztlich nichts anderes sind als eine Erniedrigung vor einem einfachen Knecht des Allerhöchsten .

'ABD-AL-KABÎR. Der Träger dieses Namens soll fühlen, daß er Gottes Größe unterworfen ist. Er soll in Demut leben, auch dann, wenn Gott ihm Macht und Reichtum verleiht, denn er schuldet ihm alles.

39

al-HAFÎDHU
Der Hüter

Andere Bedeutung: Der Bewahrer. Variante: **Hafîz**.
Im Koran: XI,57; XV,9; XXXIV,21; XLII,6; LIX,23.

Als negatives Attribut besagt der Name, daß Gottes Wachen über das Universum fortwährend und ununterbrochen vollkommen und umfassend ist; aber nicht in dem Sinn, daß er alles, eins nach dem anderen, bewacht. Als Wirkattribut sagt es aus, daß Gottes allumfassende und fortwährende Wachsamkeit allen Geschöpfen ihre Form und ihre Substanz sichert, ohne Gefahr der Auflösung. Nach al-Ydschî ist dieser Name die Ergänzung zu **al-'Alîmu** (Nr. 20), da Wachsamkeit *(hafz)* das Gegenteil von Nachlässigkeit ist und darum aus der Weisheit Gottes *(' ilm)* entstammt.

Würde es sich um einen Menschen handeln, könnte man sagen, er sei derjenige, der sich an alle seine Handlungen, von der wichtigsten bis zur unbedeutendsten, erinnert. Aber Gott kann man nicht mindern, indem man ihm menschliche Eigenschaften zuschreibt. Wir müssen daher, nach der Erläuterung des Begriffs, wieder davon absehen, um zu einem richtigen Verständnis von Gottes Wachsamkeit zu gelangen.

Gott **al-Hafîdhu** stattet alle seine Geschöpfe mit dem Selbst- und Arterhaltungsteib aus, was sich im Materiellen (Arbeit, Nahrung, Vermeidung von Giften) wie im Seelischen und Geistigen (Stressreaktion; bewußte Abkehr von Vorurteilen und Zwängen; Ablehnung asozialen Verhaltens, das von Drogen bis Ehebruch, von Glücksspiel bis Verleumdung, von Überheblichkeit bis Heuchelei, von Verrat bis Unterdrückung und Betrug reichen kann) zeigt. Diese natürlichen Tendenzen, die von der negativen Seite der Materie fortwährend bedroht werden, finden dank der Namen **al-Ghaffâru** und **al-Razzâqu** (Nr. 15 und 18) in den Reden der Propheten und Lehrer Stütze und Festigung.

Die Volksfrömmigkeit erzählt aus dem Leben des Sufis 'Abdalhafîz Abu Sulaymân Daranî, seine Schüler hätten während der dreißig Jahre, die sie bei ihm verharrten, niemals ablehnende oder negative Gefühle empfunden, weil sie der „schützende Name" ihres Lehrers davor bewahrt habe.

'ABD-AL-HAFÎZ. Diesen Namen gibt man, um auf seinen Träger Gottes Schutz, also die Bewahrung vor materiellen Nöten, aber auch vor schlechten Gedanken und gefährlichen, irreführenden Freundschaften, herabzurufen.

40

al-MUQÎTU
Der Erhalter

Alternativen: Der Bestimmer, Der Gegenwärtige.
Im Koran: IV,85.

Der arabische Ausdruck für diesen Namen enthält vier verschiedene Bedeutungsnuancen. Gott ist erstens „der Ernährer" in seiner Eigenschaft als Schöpfer jeglicher materieller und geistiger Nahrung; in diesem Fall ist dieser Name gleichbedeutend mit **al-Razzâqu** (der Bescherer alles Guten, Nr. 18). Zweitens ist Gott „der Bestimmer", weil er unser Schicksal bestimmt und festlegt; in diesem Fall handelt es sich um ein Machtattribut Gottes *(kudra)*. Drittens ist er „der Zeuge", weil er das Geheimnis kennt *(al-Ghayb)*; in diesem Fall ist der Name ein göttliches Wissensattribut. Viertens schließlich ist er „der Gegenwärtige", weil er die ewige Immanenz ist, ohne die kein Geschöpf für sich bestehen kann.

In allen Religionen ist die Nahrung ein zentrales Thema. Zwar hat der Mensch sämtliche Möglichkeiten, Nahrung zu finden, doch muß er sie „erringen", weil er sonst träge und faul würde, wie man das bei Kindern, die von ihren Müttern allzu sehr verwöhnt werden, zur Genüge sieht. Die Sünde von Menschen, Nationen oder Regierungen, fremde Nahrungsvorräte habgierig anzuhäufen oder den Zugang dazu zu verwehren, ist schwerer als Diebstahl und Bosheit.

115

'ABD-AL-MUQÎT. Dieser Name soll seinen Träger anregen, an die Bedürfnisse seiner Mitmenschen zu denken und sie umsichtig, angemessen und zur rechten Zeit zu befriedigen.

41

al-HASÎBU
Der Genügende

Andere Bedeutungen: Derjenige, der es an nichts mangeln läßt; Derjenige, der die Rechnung begleicht. Im Koran III,173; VIII,62.

Als Wirkattribut besagt dieser Name, daß Gott für seine Geschöpfe alles erschafft, was für sie notwendig ist. Als Redeattribut bedeutet er, daß Gott von allen Rechenschaft über ihre Taten verlangt. In beiden Fällen zeigt uns der Name, daß Gott jeden noch so geringen Teil der Schöpfung berücksichtigt. Er kennt das Ergebnis jeder „Abrechnung" und aller Vorgänge, die sich in ihr abspielen.

Der Jüngste Tag, das Weltende, an dem Jesus als von Gott beauftragter Richter erscheinen wird – ich erinnere daran, daß Jesus für uns Muslime ein Prophet ist – wird auch „Tag der Rechenschaft" genannt. Auf die Rechenschaft, die dann ablegt wird, bezieht sich der Begriff „derjenige, der die Rechnung begleicht". In ein- und demselben Augenblick wird eine Unzahl von Seelen vor Gericht treten, und die abgelegten Rechenschaftsberichte werden nicht zu zählen sein. Jeder wird über seine Talente und Gaben, über das Verschwendete oder Erworbene, Rechnung legen müssen.

Im Koran (II,48) heißt es dazu: „Und macht euch darauf gefaßt, einen Tag zu erleben, an dem niemand etwas anstelle eines andern übernehmen kann, und von niemand Fürbitte oder Lösegeld angenommen wird, an dem sie keine Hilfe finden werden!" Das soll uns die Bedeutung jedes Augenblicks unseres Lebens erkennen lassen und uns alle ermahnen, keinen einzigen zu verscherzen.

Manche Sufischulen halten den „Tag der Rechenschaft" nur für ein besonderes Symbol, für das Symbol des Paradieses, wie es der Koran in der Sure II,25 eingehend beschreibt. Im darauffolgenden Vers (II,26) heißt es jedoch: „Gott schämt sich nicht, irgendein Gleichnis zu prägen, sei es auch nur mit einer Mücke. Diejenigen nun, die glauben, wissen, daß es die Wahrheit ist und von ihrem Herrn (kommt). Diejenigen aber, die ungläubig sind, sagen: ‚Was will denn Gott mit einem solchen Gleichnis?' Er führt damit viele irre. Aber er leitet damit viele recht. Und nur die Frevler führt er damit irre."

'ABD-AL-HASÎB. Wer so heißt, soll sein Leben, seine Gedanken, seine geistigen und materiellen Mittel richtig einsetzen und Gott für alles danken, was er ihm in angemessenem Maße schenkt.

42

al-DSCHALÎLU
Der Majestätische

Alternative: Der Anbetungswürdige.
Dieser Name kommt im Koran nicht ausdrücklich vor, sondern
nur als Wurzel mit einer Nominal- oder Verbalform.
Er wurde von der *Idschmâ*, der von Theologen
repräsentierten Versammlung der Islamischen Gemeinschaft,
einvernehmlich in die Liste der neunundneunzig
Namen aufgenommen.

In seiner Bedeutung ist dieser Name den Attributen **al-Mutakab-biru** (Nr. 11) und **al-'Adhîmu** (Nr. 34) sehr ähnlich, doch liegt hier nach al-Ghazzâlî die Betonung auf der Schönheit des göttlichen Seins. Für al-Ydschî ist er das Synonym von **al-Mutakabbir**. Nach al-Dschurdschânî drückt er die Attribute der Majestät *(dschalâl)* und der Schönheit *(dschamâl)* aus. Nach Tosun Bayrak bezieht sich Gottes „Majestät auf eine Größe, die mit Energie, Materie oder Zeit nichts zu tun hat und keinerlei Ähnlichkeit mit diesen aufweist: Sie ist reine Transzendenz." Gottes Majestät ergibt sich aus der Vollkommenheit seiner Eigenschaften, die durch seine Namen versinnbildlicht wird. Jedes majestätische Ansehen auf Erden ist nur ein Abglanz des göttlichen.

Die Türken und Perser und mit ihnen alle Völker, die mit ihrer Kunst und Kultur zusammenhingen (denn nur sie sind spezifisch islamisch) brachten die Schönschreibekunst auf einen hohen künstlerischen Stand. Diese Kunst entsprach, wie schon erwähnt, dem bilderfremden Geschmack der Türken und Mongolen und ist ein Hauptmerkmal aller Nomadenvölker, einschließlich der Barbarenstämme, die Europa zur Zeit des Endes von Ost- und Westrom überfluteten. In diese Kompositionen wurde einer der Gottesnamen kunstvoll hineinkalligraphiert und für gewöhnlich mit dem Satz *Dschalla Dschallâluhu* ergänzt; jedoch so, daß das Wichtigste, der Name, nicht verdrängt wurde. Üblicherweise spricht man nach der Rezitation der neunundneunzig Namen den Satz: „Seine Majestät werde verkündet und seine Namen geheiligt." *(Dschalla Dschallâluhu wa taqaddasat 'Asmâ'uhu.)*

Wenn Hamza Boubakeur in *Traitré moderne de théologie islamique* (Paris 1985) diesen Namen anführt, richtet er sich gegen die unbedeutenden arabischen Könige unserer Zeit, die sich „in offensichtlicher Scheinheiligkeit und in ihrer Verdorbenheit durch die weltlichen Genüsse nicht scheuen, den Titel *dschalâlatu l-malîk l-mu'adhdham* (Seine Majestät, der erhabene König) zu beanspruchen."

'ABD-AL-DSCHALÎL. Dieser Name wird gegeben, um seinem Träger und seinem Umfeld die natürliche Ehrfurcht vor Gottes glanzvoller Majestät einzuprägen, damit auch sie von einem winzigen Abglanz des göttlichen Strahlens gestreift werden mögen.

43

al-KARÎMU
Der Vortreffliche

Im Koran: XLIV,49; LXXXII,6. Die Variante im Superlativ **al-'Akramu** (Der höchst Edelmütige) findet sich im Koran in Vers XCVI,3.

Die vier Differenzierungen dieses Namen geben zu verschiedenen Betrachtungen Anlaß. Als Wirkattribut besagt er, daß „Gott in sich die Gabe der Freigebigkeit hat", als Machtattribut, daß Gott „das Maß der Freigebigkeit festsetzt", als Beziehungsattribut weist es darauf hin, daß von Gott alles Edle ausgeht und schließlich kommt folglich nur Gott die Macht und Eigenschaft zu, Fehler zu vergeben.

Karam war (wie Edelmut) eine von den vorislamischen Arabern hochgeschätzte Eigenschaft und gehörte zu den meistbehandelten Themen ihrer poetischen Wettbewerbe. Der Edle *(scharîf,)* verdankte dieses Attribut seinem Vermögen – wie das ja zu einem Händlervolk paßt – und nicht seinem Stamm. Der Stammes-Begriff gehört zu den Nomadenvölkern der zentralasiatischen Steppen. Daraus geht klar hervor, daß der Händler, der tendenziell egoistisch und sparsam, wenn nicht sogar geizig ist, nur selten freigebig spendete; daher wird Großzügigkeit hochgeschätzt.

Gott ist in seiner grenzenlosen Güte (bei Dante finden wir: „Aber die Güte Gottes hat so weite Arme…") langmütig im Strafen und gewährt großmütig den nötigen Aufschub für die Reue. Deshalb läßt er auch zu, daß sich der darbende Gläubige an ihn wendet, obgleich das Gebet ein Akt reiner Anbetung sein sollte (Er weiß ja vollkommen, was uns nottut und was er jedem Menschen zuteilen will). Er verlangt und fordert keine unablässige Anbetung. Das Bittgebet muß man eigentlich als Kühnheit ansehen, doch sieht Gott darüber hinweg und nimmt es an.

Anderseits sollte sich ein Mensch, der reichlich empfangen hat, dankbar zeigen und nicht hochmütig werden, wie das oft der Fall ist. Es ist eine verbreitete Tatsache, daß Menschen, die von Gott oder ihrern Mitmenschen Hilfe und Unterstützung erhalten haben, oft undankbar sind. Ihre Wohltäter werden sich daraufhin zurückziehen und ihnen keine Unterstützung mehr gewähren. Gott hingegen ist und bleibt großmütig. Das ist der Grund, weshalb wir nie an dieser seiner Eigenschaft zweifeln sollen.

Im Koran (LXXXII, 6–8) heißt es: „Du Mensch! Was hat dich hinsichtlich deines vortrefflichen Herrn betört (und zur Undankbarkeit verführt), der dich geschaffen und ebenmäßig geformt und in einer Gestalt zusammengesetzt hat, wie er sie wollte?" Es wird erzählt, der Kalif 'Omar (634 – 644) habe, als er diese Verse vernahm, ausgerufen: „Dein Edelmut ist es, der mich erschaffen hat!"

’ABD-AL-KARÎM. Wer so heißt und selbst gütig ist, sollte seinen Mitmenschen Zeugnis von Gottes Edelmut ablegen, indem er ihre Fehler und Unzulänglichkeiten hinnimmt.

44

al-RAQÎBU
Derjenige, der wacht

Im Sinne von „der Aufpasser", „derjenige, der beobachtet".
Im Koran: IV,1; V,117; XXXIII,52.

Dieser Name hat eine ähnliche Bedeutung wie **al-Hafîdhu** (der Hüter, Nr. 39) und ist auch mit der Eigenschaft Gottes **al-'Alîmu** (der Allwissende, Nr. 20) verknüpft. Für al-Ghazzâlî hat er eher die Bedeutung „genauer Beobachter, Wachsamer, Aufmerksamer".

Gottes allwissender Schutz umfaßt die aufmerksame Wachsamkeit und gleichzeitig das vollkommene Wissen um jede Handlung mit all ihren Rückwirkungen und Folgen. Wir Irdischen wissen selbst, daß das Böse ein Potential darstellt, das einer Lösung bedarf, daß aber jede Lösung andere Probleme hervorruft. Freilich müssen wir von unzureichenden Daten ausgehen und innerhalb sehr enger Grenzen handeln, dennoch „haben wir die Pflicht, unser Bestes zu tun", wie Sheldon Koop sagt. Gottes Wirken ist weitaus umfassender und komplexer. Wir bemerken davon nichts, doch haben wir dank des Namens **al-Raqîbu** eine Ahnung davon.

'ABD-AL-RAQÎB. Ein Mensch dieses Namens sollte sich ganz besonders vertrauensvoll Gott überlassen. Er weiß ja, daß niemand besser als Gott für ihn Sorge tragen kann. Aus dieser Gewißheit heraus wird er erkennen, daß keine seiner Handlungen verlorengeht.

45

AL-MUDSCHÎBU
Derjenige, der (die Gebete) erhört

Im Koran: XI,61.

Im Koran (II,186) steht zur Bedeutung dieses Namens: „Und wenn dich meine Diener nach mir fragen, so bin ich nahe und erhöre, wenn einer zu mir betet, sein Gebet. Sie sollen nun auf mich hören und an mich glauben. Vielleicht werden sie den rechten Weg einschlagen."

Al-Ghazzâlî deutet den Namen von daher als „Derjenige, der sich beeilt, die Bitten seiner Geschöpfe zu erhören, indem er ihnen sogar zuvorkommt".

Zweifellos kennt Gott alle Bedürfnisse des unendlichen Alls und seiner ganzen Schöpfung, während die Menschen diese nur begrenzt erfassen können. Viele Theologen und Exegeten des Korans bemühten sich mittzuteilen, daß Gott dem vergeistigten Mystiker nicht näher ist als dem geringsten Sandkörnchen in der Wüste. Er kennt alle Bedürfnisse und sorgt dafür in seiner allumfassenden Ordnung, da er um die Folgen jeder noch so unbedeutenden Handlung weiß. Dem Menschen aber muß dies immer wieder gesagt werden, damit er die geistigen Werte nicht vergißt. Dieser Name steht also in inhaltlicher Beziehung zu **al-Karîmu** (der Vortreffliche, Nr. 43), **al-Muqîtu** (der Erhalter, Nr. 40) und **al-Hafîdhu** (der Hüter, Nr. 39).

125

Ein Hadîth sagt: „Am Tag der Auferstehung wird Gott demjenigen seine Strafe erleichtern, der selbst auf Erden die Strafe eines Gläubigen gemildert hat. In dieser wie in der jenseitigen Welt wird Gott demjenigen zuhilfekommen, der einem Bedürftigen geholfen hat" Jeder kannnach seinen Mitteln, einem Mitmenschen helfen, und sei es nur mit einem Lächeln. Dazu sagt ein weiterer Hadîth: „Auch ein gutes Wort stellt ein Almosen dar."

'ABD-AL-MUDSCHÎB. Wer diesen Namen hat, sollte ganz besonders um Gott, den Edelmütigen und Ernährer, wissen, der demjenigen reichlich gibt, der sich reinen Herzens an ihn wendet. Mit dem gleichen Wohlwollen soll er auf die Menschen hören, die sich an ihn wenden.

46

al-WÂSI'U
Der Allumfassende

Andere Bedeutungen: Der Ausgedehnte; Der Allgegenwärtige; Derjenige, der alles umfaßt und enthält. Im Koran: II,255; VI,80; VII,156.

Der folgende Koranvers (II,255) ist für das Thema dieses Buches einer der wichtigsten: „Gott. Es gibt keinen Gott außer ihm. (Er ist) der Lebendige und Beständige." **Qayyûmu** ist ein schwer übersetzbarer Ausdruck, den man am besten mit „der Absolute", „derjenige, der in sich Bestand hat und in dem alles Bestand hat" wiedergibt (vgl. Nr. 64).

Im Vers heißt es weiter: „Ihn überkommt weder Ermüdung noch Schlaf. Ihm gehört, was im Himmel und auf der Erde ist. Wer könnte – außer mit seiner Erlaubnis – bei ihm Fürsprache einlegen? Er weiß, was vor und was hinter ihnen liegt. Sie aber wissen nichts davon – außer was er will. Sein Thron reicht weit über Himmel und Erde. Und es fällt ihm nicht schwer, sie zu bewahren. Er ist der Erhabene und Gewaltige."

Der Name **al-Wâsi'u** deutet auf diese unbegrenzte, ungeheure Größe hin, die der menschliche Geist niemals erfassen kann. Gleichzeitig besagt er die Unendlichkeit jeder göttlichen Eigenschaft, die durch die Gesamtheit seiner Namen, derjenigen, die wir schon kennen, wie auch der folgenden, symbolisiert wird.

In der Auslegung Ibn al-Arabîs zeigt dieser Name die Allgegenwart Gottes an, dessen, der alles enthält, und der seine Großmut auf alles Existierende, sein Wissen auf alles Erkennbare und seine Macht auf alles, was Bestimmung hat, ausdehnt. Und dies alles, so sagt Dschurdschânî, ohne daß es ihn Mühe koste oder Arbeit darstelle.

Einige Theologen wandten diesen Namen im engeren Sinn auf Gottes unendliche Langmut an, für die eine menschliche Missetat nicht mehr ist als ein Atom der Unendlichkeit. Die unermeßliche Vielfalt der Geschöpfe ist, so Tosun Bayrak, ein Zeichen dieses göttlichen „Allumfassens": „Keine zwei Gesichter, Charaktere oder Geschehnisse im gesamten Lebensraum der Erde waren je dieselben: sie waren einander allenfalls ähnlich."

'ABD-AL-WÂSI'. Ein Mensch dieses Namens soll die Grenzen seines Wissens immer stärker ausdehnen und nach höchster Bildung streben, gleichzeitig aber durch Weisheit und Vergeistigung gemäßigt bleiben.

47

al-HAKÎMU
Der Weise

Kommt im Koran oft vor, z.B. III,62; IX,28; XI,1; LXXVI,30.

Wie al-Ydschî sagt, hängt dieser Name mit **al-'Alîmu** (der Allwissende, Nr. 20) zusammen, da Gott voller Weisheit ist und die umfassende Kenntnis aller Dinge und Handlungen hat.

Dieser Name hat aber noch andere Bedeutungen: Einerseits „der in seinen Entscheidungen Kluge", was nicht anders sein kann in Anbetracht der vollkommenen göttlichen Vorsehung bei der Führung des Universums und bei allen Wohltaten, die auf die Einhaltung seiner Vorschriften folgen. Weiter heißt er nach ar-Râzî „der Schiedsrichter, der in Glaubensfragen entscheidet, um wahre von falschen Lehren zu trennen". Drittens bedeutet er „derjenige, der auf vollkommene Weise Recht sprechen wird" in Entsprechung zu **al-Chabîru** (der Scharfsinnige, Nr. 32) und **al'Adlu** (derjenige, der gerecht und billig ist, Nr. 30). Wiederum nach al-Râzî besagt der Name, daß „er weder durch Wasser oder Feuer vernichtet noch durch die Zeit verändert werden kann; er ist unveränderbar". Al-Tabarî bevorzugt hinsichtlich dieses Namens die Lesart *muhkam* (fest begründet, vollkommen in seiner Verwirklichung) und deutet Gott „in seiner Eigenschaft als der Oberste Richter schlechthin", wie er auch im Koran häufig vorkommt.

Hikma, die Weisheit, bedeutet für die Bibel wie für den Koran das Gott eigene Wissen, außerdem moralische Rechtschaffenheit sowie ein Geschenk Gottes an die Propheten. In diesem Fall bedeutet es auch inneres Licht und ist eine Verhaltensregel. Nach Baidawî beinhaltet der Ausdruck auch die richtige Kenntnis der religiösen Pflichten. Nach Ibn al-'Arabî schließlich bezeichnet er alles, was im gegebenen Augenblick heilsam ist. Für die meisten Kommentatoren ist die göttliche Weisheit ein komplexer Begriff, der die Werte Vernunft, Intelligenz und Gelehrsamkeit als etwas Absolutes umfaßt. Das erinnert an jene Stelle bei Dionysius Areopagita in *De divinis nominibus* (VII,4, 872 C), einer Schrift, die im 4.–5. Jahrhundert unter seinem Namen verbreitet wurde: „Die Heiligen Schriften preisen Gott als die Vernunft, nicht nur, weil er Vernunft, Intelligenz und Weisheit verleiht, sondern weil er schon zuvor und übereinstimmend das Ursächliche aller Dinge in sich enthält und weil er alle Dinge durchdringt, indem er, wie die Heilige Schrift sagt, alle Dinge ergründet; mehr noch, weil die göttliche Weisheit sich über alles Einfache erhebt und von allen Dingen löst, da sie ja auf eine jenseits der Strukturen liegenden Weise über ihnen steht."

Gottes Weisheit ist unermeßlich, aber sie ist etwas anderes als die Weisheit, wie sie der Mensch auffaßt. Sie hat die Bedeutung, daß Gott hinsichtlich des Zwecks seiner Barmherzigkeit dem Menschen die Möglichkeit gegeben hat, im Guten wie im Bösen zu handeln. Die Entscheidung zwischen Gut und Böse bezieht sich nicht auf Gott, sondern auf den Menschen, der die Fähigkeit hat, die Bedeutung der vom Islam oder von den anderen Offenbarungsreligionen erlassenen Vorschriften zu erkennen. Diese Gesetze zeigen, wie man sich richtig verhält und sie verbieten, was im Materiellen wie im Geistigen die menschliche Ordnung und Harmonie schädigen könnte. Die ganzheitlich verstandene Weisheit des einzelnen Menschen umfaßt auch Unbewußtes, das in ihm wirkt, ebenso wie erworbenes Wissen, das zum Guten strebt. Es ist somit tatsächlich unklug, den Lebensregeln der Offenbarungsreligionen zuwiderzuhandeln.

'ABD-AL-HAKÎM. Dieser Name hebt eine Einstellung hervor, die man nur durch Erfahrung und Betrachtung auf der ständigen Suche nach innerer Ausgeglichenheit inmitten der Wirrnisse dieser Welt erreicht. Weisheit ist ein Gut des ganzheitlichen Menschen, doch ist sie auch Vorbild für alle, die nach Ausgeglichenheit streben und dabei einen Kompaß brauchen, der ihnen bei Unschlüssigkeit, Zweifel oder Irreleitung den rechten Weg zeigt.

al-WADÛDU

Der Liebreiche

Andere zugelassene Bedeutungen: Der Zärtliche, Der Vielgeliebte.
Im Koran: LXXXV,14.

Dieser Name bezeichnet „denjenigen, der seine Geschöpfe liebt" und der darum die Gesetze so angelegt hat, daß diese möglichst viel Gutes und am Ende der Tage das Gute an sich erlangen mögen. Er ist auch eine Ehrenbezeichnung für einen vollkommen Gläubigen und für die Sufis ein Hinweis auf die Art der Belohnung, die Gott einem solchen Menschen zukommen läßt: „Die Rückkehr des Geschaffenen (Emanierten) zu ihm." Der Name wird mit **al-Ghafûru** (der Nachsichtige, Nr. 35) verglichen.

Unzweifelhaft muß „wahre Liebe" auf Erden folgende Merkmale aufweisen: Sie muß bedingungslos sein (es ist keine Liebe, wenn man sagt: „Ich liebe dich, weil du so gut bist", „ich liebe dich, wenn du meine Wünsche erfüllst"); sie muß dauerhaft sein (man kann nicht nur für den Augenblick oder zu bestimmen Anlässen lieben); sie muß eindimensional sein (darum sagt sie: „Ich liebe dich", fragt aber nicht: „Liebst du mich?"); sie darf nicht übertrieben besitzergreifend sein.

Die Liebe Gottes ist dagegen natürlich eine ganz besondere: Sie verfolgt keinen Selbstzweck, sie ist nicht besitzergreifend, stellt keine Bedingungen, wie die menschliche Liebe. Sie ist eine Liebe, die sich ergießt und gleichzeitig dem Geliebten die Liebe zu ihm, dem Liebreichen, schenkt. Sie ist völlig frei von Schwächen und Eifersucht. Die göttliche Ausgießung *(faid)* wird von jenen Menschen wahrgenommen, die den Glauben haben. Auch ein Hinduvers verdeutlicht das Wesen dieses Namens: „Von der Liebe geht jede Schöpfung aus, mit der Liebe wird sie erhalten, zur Liebe strebt sie und zur Liebe kehrt sie zurück." Das Verständnis Gottes als die Liebe ist nicht ausschließlich den Offenbarungsreligionen vorbehalten.

Dieser Begriff wird auch in einem Hadîth ausgedrückt: „Der Gesandte Gottes sagte: Niemand von euch sage: ‚Mein Gott, verzeih mir, wenn du es willst. Mein Gott, sei mir barmherzig, wenn du es willst.‘ Er gebe vielmehr seiner Bitte entschlossen Nachdruck, denn nichts, was er gewährt, bereitet ihm Mühe."

Von der göttlichen, absoluten Liebe sagte der große Mystiker al-Hallâdsch (857–922): „Ihr Menschen! Sobald sich die Wahrheit eines Herzens bemächtigt, / macht sie es von allem leer, was nicht sie ist. / Sobald Gott einen Menschen erwählt, / tötet er in ihm alles, was nicht er ist. / Sobald er einen seiner Gläubigen liebt, / regt er die anderen an, ihn zu hassen, / damit sein Knecht nur ihm nahe sei, / um ganz in ihm zu sein."

Diese göttliche Liebe, die Ekstase, in die man durch sie gerät, die Vollkommenheit eines von der göttlichen Liebe getroffenen Menschen wird in vielen mystischen Sinngedichten der Sufis, von al-Hallâdsch bis Rûmî, von ’Omar Chayyam bis in unsere Tage hinein bezeugt. Stellvertretend für sie alle möge ein Vierzeiler von Rûmî wiedergegeben werden: „Jede Faser meines Ichs trägt die Spur des Vielgeliebten. / Mit jedem Teilchen meines Leibes spricht der Vielgeliebte. / Ich bin eine Harfe, die an seiner Brust lehnt, / des Vielgeliebten Finger entlocken meine Klage."

Bei Scheich Muzaffer Ozak al-Dscherrâhî findet sich folgende bedeutsame Erzählung: „Eines Tages begegnete Jesus einem Jüngling, der ihn fragte: ‚O Bote Gottes! Bete für mich zum Allerhöchsten, damit er mir ein Atom seiner Liebe schenke!‘ Jesus erwiderte:

‚Ich sage dir, du könntest ein Atom von Gottes Liebe, das du dir wünschst, nicht ertragen'. Doch der Jüngling gab nicht nach: ‚Dann bitte ihn, mir weniger als die Hälfte eines Atoms seiner Liebe zu gewähren'. Jesus faltete die Hände und bat den einen Gott: ‚O Herr, erhöre diesen Jüngling und gewähre ihm die Hälfte eines Atoms deiner Liebe'. Dann ging er. Bald darauf kam Jesus wieder an den Ort, an dem er den jungen Mann getroffen hatte, und da er ihn nicht erblickte, fragte er, wo er sei. Man antwortete ihm: ‚O Prophet Gottes, dieser junge Mann ist auf die Berge gestiegen, vielleicht irrt er aber auch in der Wüste umher. Wir wissen nichts über ihn, weder, wo er sich aufhält, noch, was er tut'. Da bat Jesus den Allerhöchsten, daß er ihn den Jüngling finden lasse. Sogleich wurde er erleuchtet, wußte, wo dieser war, und ging hin. Als er ihn auf einem Felsblock in Betrachtung versunken sitzen sah, rief er ihn an, doch jener antwortete nicht. Er rief ihn von neuem mit lauter Stimme bei seinem Namen, aber wiederum erhielt er keine Antwort. Da gab ihm Gott ein: ‚Wie kann man von einem Menschen, der ein halbes Atom meiner Liebe im Herzen trägt, erwarten, daß er menschliche Stimmen vernehme? Auch wenn man versuchen wollte, ihn mit einer Säge zu zertrennen oder ihn im Feuer zu verbrennen, vermöchte man nichts und er spürte nichts.'"

'ABD-AL-WADÛD. Wer diesen Namen trägt, soll sich zu einem umfassenden Mitgefühl für alle Geschöpfe gedrängt fühlen. Indem er dies annimmt und versteht, erkennt er, daß Gottes Liebe allen Geschöpfen gilt. Wenn er liebt, was Gott liebt, darf er sich einer seiner unaussprechbarsten Eigenschaften nahefühlen.

49

al-MADSCHÎDU
Der Preiswürdige

Im Koran: XI,73; LXXXV,15.

Die Mauern vieler Königspaläste wurden oft mit den beiden folgenden Sätzen in Schönschrift geschmückt, damit die Monarchen die Vergänglichkeit ihres Ruhmes nicht vergäßen:

„Der Lobpreis gebührt ihm allein." „Nur seine Taten sind ruhmwürdig."

Nichts berührt Gott – „weder Blicke, noch Gedanken", wie es im Koran mehrmals heißt – und dennoch ist er „in seiner Herrlichkeit", von der auch die Evangelien sprechen, wenn sie auf das Jüngste Gericht hinweisen, jedem seiner Geschöpfe, selbst dem unscheinbarsten, nahe. Dieser Ruhm ist von keiner Ehrsucht befleckt, wie dies auf Erden oft der Fall ist. Alles Erschaffene preist seine Herrlichkeit, nicht nur durch seine Schönheit, sondern auch durch die komplizierten Gesetze ihrer Erhaltung (man denke nur an die tiefe Stille einer funkelnden Sternennacht). Was ist dagegen die menschliche Überheblichkeit, Aufgeblasenheit und Intoleranz?

'ABD-AL-MADSCHÎD. Dieser Name soll seinen Träger dazu anregen, in Verhalten und Charakter immer vollkommener zu werden; und zwar nicht durch falsche Bescheidenheit, sondern durch das Wissen um seine menschliche Begrenztheit. Durch seine Selbsthingabe soll er Gutes und Frieden bringen und heitere Sicherheit verbreiten.

50

al-BÂ'ITHU

Der Erwecker

Andere zugelassene Bedeutung: Der Aussender.
Im Koran: XVIII,12.

Der Koranvers XVIII,12 erzählt die Begebenheit von den sieben Schläfern in der Höhle. Es heißt dort: „Hierauf weckten wir sie auf (…)." Der Name als solcher kommt im Koran nicht wörtlich vor, doch wird er im Zusammenhang mit dem der Auferweckung am Jüngsten Tag, aus dem Kontext abgeleitet. Dies führte bei den Sufis zu einer ganzen Reihe von mystischen und mysterienhaltigen Interpretationen.

Die Auferstehung nach dem Tod gehört zu den sieben Glaubenssätzen der Muslime. Sie ist eines der wichtigsten Motive im Koran. Einige bedeutende Suren sollen hier zitiert werden: „Dies deshalb, weil Gott wahrhaftig ist, die Toten zum Leben bringt und zu allem die Macht hat, und weil die Stunde – an ihr ist nicht zu zweifeln – kommen und Gott, die in den Gräbern sind, auferwecken wird" (XXII, 6–7). „Aus ihr haben wir euch geschaffen, in sie bringen wir euch zurück und aus ihr bringen wir euch ein anderes Mal hervor" (XX,55). „Gott ist es, der euch geschaffen und euch hierauf beschert hat, und euch dann sterben läßt und darauf lebendig macht" (XXX,40).

Zweifellos ist der Begriff der Auferstehung – streng buchstäblich genommen – für das menschliche Verständnis besonders schwierig. Auf die Kritik, die die Mekkaner in diesem Zusammenhang gegen Mohammed richteten, geben die Koranverse XXXVI, 78–79 Antwort: „Er prägt für uns ein Gleichnis und vergißt, daß er geschaffen ist. Er sagt: ‚Wer wird Knochen lebendig machen, nachdem sie morsch geworden sind?‘ Sag: Der wird sie lebendig machen, der sie erstmals hat entstehen lassen und der über alles, was mit Schöpfung zu tun hat, Bescheid weiß.“

Man darf nicht vergessen, daß im Koran Leben *(hayât)* mit Wissen *('ilm)*, und Tod *(mawat)* mit Unwissenheit *(dschahl)* verglichen wird. Der Auferwecker ist auch derjenige, der dem Menschen sein „Schreibrohr" gegeben und ihn mit dem notwendigen Instrumentarium versehen hat, damit er aus dem Grab der Unwissenheit herausgelange.

'ABD-AL-BÂ'ITH. Die Auferstehung, an die dieser Name erinnert, wird durch die Reinigung von Geist und Herz erlangt. Diese erzielt man durch die Liebe zur Weisheit und die Distanzierung von allen weltlichen Dingen. Ein Träger dieses Namens wird aus dem Licht der Erkenntnis wiedergeboren werden, noch ehe er in dieser Welt stirbt.

51

al-SCHAHÎDU
Der Zeuge

Andere Bedeutung: Derjenige, der (sich selbst) bezeugt.
Im Koran: III,18; III,98; IV,33; IV,79; IV,85; V,117; VI,19; X,46;
XXII,17; XXXIII,55; XXXIV,47; XLI,53; LVIII,6;
LIX,11; (LXIII,1); LXXXV,9).

Al-schahîd bedeutet „das Gegenwärtige", das Erscheinende", im
Gegensatz zu *al-Ghayb* „das Verborgene". Folglich hat dieser Name
einen absoluten Zeugnischarakter: Er bezeichnet den Zeugen, aber
auch denjenigen, der das Geheimnis kennt (vgl. die dritte Bedeutung des Namens **al-Muqîtu,** Nr. 40). Al-Ghazzâlî hielt fest:
„Meine Mutter und der *imâm* sind zwei Zeugen, die immer die
Wahrheit sagen."

Dieser Name hat demzufolge auch die Bedeutung des „Bewei-
ses", wie al-Ghazzâlî an anderer Stelle sagt: „Die Beweise *(scha-
wâhid)* des geoffenbarten Gesetzes und der überlieferten Lehre."
Man kann ihn aber auch in der Bedeutung „der Gegenwärtige, der
Feststellbare" verstehen. Der Prophet in seiner Eigenschaft als
Zeuge vor dem Volk, zu dem er entsandt wurde, ist auch der *schahîd.*

Auf Gott bezogen, besagt dieser Name seine Allgegenwärtigkeit
in allen Dingen, bei jedem Ereignis, zum selben Augenblick und zu
allen Zeiten. Diese Wesenseigenschaft Gottes findet sich in einem

Wort, das in allen Offenbarungsreligionen vorkommt: „Auch wenn dich niemand sieht, sieht dich Gott." Er wird also am Tag des Endgerichts der Zeuge schlechthin sein.

Dazu sagte Ibn al-'Arabî als er von den geistlichen Graden der „Vollkommenheit im Tun" *(ahsân)* sprach: „Als Mohammed von Gabriel gefragt wurde, worin die Vollkommenheit des Tuns bestehe, erwiderte der Prophet: ‚Bete Gott an, als ob er dich sähe; wenn du ihn nicht siehst, sieht er dich'. Der erste Teil dieses Satzes bezieht sich auf den Grad der geistlichen Kontemplation *(muschâhada)*, weil derjenige, der sich in diesem Zustand befindet, nicht durch sein Wirken dahingelangt ist, vielmehr in diesem Augenblick erkennt, daß alle Werke durch Gott kommen, indem er ihr Sein aktualisiert. Der zweite Teil des Satzes bezieht sich auf den geistlichen Zustand der Geläuterten, derer, die ihre Werke Gott in vollkommener Aufrichtigkeit weihen."

Al-Hallâdsch, einer der größten Mystiker der Menschheitsgeschichte (858–922) schrieb: „Du bist der Alleinige in der Einsamkeit der Ewigkeit. / Du bist der Einzige, dich vom Thron herab wahrhaft zu bezeugen; / und dein Zeugnis ist gerecht, du mußt sein Recht nicht beweisen."

'ABD-AL-SCHAHÎD. Der Träger dieses Namens soll die Wahrheit bezeugen und sie in allen Dingen suchen, denn alles kündet Gottes Dasein, wenn man nur bewußt danach sucht.

52

al-HAQQU
Der Wahre

Andere Bedeutung: Der Wirkliche; Der absolut Wahre.
Der Name kommt im Koran häufig vor, z.b.: X,32; XX,114; XXII,6;
XXXI,30. In Vers XX,114 taucht er im Sinne von „Derjenige,
der wahrhaft ist" auf, in Vers LI,16 wird ein Recht damit bezeichnet.

Die ursprüngliche Bedeutung der Wurzel *h-q-q* hat sich im Arabischen verflüchtigt, doch kann man auf die hebräische Wurzel zurückgreifen, die folgende Bedeutungen hat: einschnitzen, einschneiden; einschreiben, schreiben, beschreiben; vorschreiben, ein Dekret, eine Vorschrift, ein Gesetz erlassen; die Pflicht gegenüber Gott und den Menschen.

In der vorislamischen Dichtkunst hatte *haqq* die Bedeutung von „wirklich", „fester Tatbestand". Es bezeichnet auch alles Wahre und Wirkliche, wie die Bestrafung am Tag des Jüngsten Gerichts und wie jeder andere Glaubensartikel. Manchmal wird der Begriff fälschlich auch als „der Schöpfer" verstanden, wohl durch die Alliteration mit *chalq* (Schöpfung). In der Tat ist ja das essentiell Wahre auch essentiell wirklich. Deshalb bedeutet der Begriff in den zahlreichen Sufiabhandlungen über die Wahrheit sowohl „Wahrheit" als auch „das Wirkliche", d.h. immer Gott. Der Ausdruck *bâtil* (leer, unwirklich) bedeutet im Koran das Gegenteil von Wahrheit.

Al-Haqqu kann sowohl als Hauptwort als auch als Eigenschaftwort gebraucht werden. Auf Gott angewendet, wird er verstärkt durch **al-'Adlu** (derjenige, der gerecht und billig ist, Nr. 30). Als ontologische, das Sein betreffende Wahrheit besagt er, daß Gott ein notwendig Seiendes ist. Im Verhältnis zur absoluten Wahrheit ist er in seiner Rede (den Offenbarungen) vollkommen wahrhaft, während er durch seine Essenz die Wahrheit manifestiert. Bei Al-Ghazzâlî hat der Ausdruck in seiner hauptwörtlichen Form die Bedeutung von „Rechtsanspruch", „Gebührendes": „Die Weisheit hat ihren Rechtsanspruch und sie hat ihre Menschen; daher gibt sie das Gebührende all jenen, die darauf Anspruch haben."

Für die Sufis hingegen ist die Wahrheit als Absolutum oft ein Synonym für Gott und stellt das höchste Ziel des mystischen Strebens dar. Nichts kann der transzendenten Wahrheit gleichen, sie allein ist wirklich, sie allein bleibt beständig, folglich steht sie über der Schöpfung. Durch die Tatsache als solche, daß Gott die Wahrheit ist, hat das ganze Universum eine vollkommene, untadelige Ordnung und eine abgestimmte Zielrichtung. Die Wahrheit bedarf keines Beweises. Um wahr in ihrer absoluten Bedeutung zu sein, muß sie ewig und unveränderbar sein, sonst wäre sie nur eine Teilwahrheit, die begrenztes Wissen schenkt. Die Menschen müssen schwerwiegende Entscheidungen auf der Grundlage von Teilwahrheiten und Teilkenntnissen treffen, dennoch sind sie verpflichtet, ihr Bestes zu geben.

Das Wahre, das begründende Sein, das Wirkliche, ergibt die Bedeutung von „gut begründet, rechtmäßig, dauerhaft". Al-Ghazzâlî lehnt die Bedeutung „Ich bin die Wahrheit" bei al-Hallâdschab, womit dieser eine unmittelbare Berührung mit dem Erkannten und die natürliche Wesensverbindung in Gott meint. Nach al-Ghazzâlî ist jeder von uns ein Teil Gottes und wir sind folglich alle zu einem winzigen Teil Gott. Für ihn ist Wahrheit die Manifestierung der „göttlichen Präsenz" *(hadra)* seiner Majestät.

Wird der Ausdruck *haqq* direkt zu *la'ib* in Gegensatz gesetzt, erlangt er die Bedeutung von *dschidd*, womit alles Ernste gemeint ist. Im Koran (XXI,55) heißt es dazu im Zusammenhang mit der Frage

„Sprichst du im Ernst oder scherzst du nur?" wörtlich: „Bringst du uns die Wahrheit oder willst du Scherz treiben?"

'ABD-AL-HAQQ. Der Träger dieses Namens ist berufen, stets nach dem letzten Zweck der Dinge zu forschen, sowohl nach ihrem objektiven Wert, als auch nach ihrem Platz im Gefüge aller Ursachen und Wirkungen.

53

al-WAKÎLU
Der Sachwalter

Alternativen: Der Verwalter, Der Bürge.
Der Name kommt im Koran oft vor, z.B. III,173; IV,81; LXXIII,9.
In der Bedeutung „Derjenige, der sich um alles kümmert"
in VI,102 und als „Gott ist der Bürge" in XII,66.

An sich bedeutet der Ausdruck „Garant, Bevollmächtigter". Im Zusammenhang mit Gott bezeichnet er „denjenigen, dem alles anvertraut ist", „denjenigen, der sich um alle Bedürfnisse seiner Geschöpfe kümmert". Er wacht über allem. Im Koran (XII,66; XXVIII,28) ist er der „Bürge", der für ein gegebenes Wort einsteht.

Als „derjenige, dem man uneingeschränkt Vertrauen schenken kann", läßt er nichts unvollendet und bewirkt alles, ohne daß jemand für ihn eine Gegenleistung erbringen müßte. Auch ist es augenscheinlich, daß er jeden Teil des Universums ersetzen kann, während ihn nichts im Universum zu ersetzen vermag.

Keine Macht kann ihn zwingen, etwas anders zu machen als er es festgelegt hat, auch wenn sich das unserem begrenzten menschlichen Verständnis entzieht. Unsere Auffassung muß sich mit ein-em „er hat beschlossen" zufriedengeben, während es für das Göttliche den Begriff einer Willensbildung oder Entschlußfassung nicht gibt.

Dasselbe gilt auch für das äußerste Vertrauen und die vollkommene Hinwendung *(islam)* jedes einzelnen Geschöpfes zu Gott. In ihn wird absolutes Vertrauen gesetzt. Jeder irdische Verwalter verlangt seinen Lohn, während wir Gott mit nichts entschädigen. Ein derartiges Vertrauen *(tawakkul)*, das zugleich die Definition eines mystischen Zustands ist, darf nicht blind und passiv-fügsam sein. So stellt der Koran (z.B. II, 2–3) immer wieder fest: „Dies ist die Schrift (…) für die Gottesfürchtigen, die an das Übersinnliche glauben, das Gebet verrichten und von dem, was wir ihnen beschert haben, Spenden geben."

Es genügt nicht, gläubig zu sein, man muß auch richtig handeln und gute Werke tun. Die Gleichgültigkeit gegenüber den Ursachen und ihren Folgen, die Passivität angesichts negativer Abläufe, all das ist nichts anderes als Faulheit und Unwissenheit. Da nun für den Islam das Gottvertrauen eine Pflicht darstellt, sind Unwissenheit und Faulheit eine Art von „Gottesleugnung" und damit die Leugnung aller seiner Namen.

'ABD-AL-WAKÎL. Gibt man diesen Namen, so ist damit die zuversichtliche Hingabe an Gott verbunden. Sein Träger soll seinen Mitmenschen Vertrauen einflößen und somit ein verläßlicher Sachwalter *(kalîfa)* sein an den man sich beruhigt wenden kann. So wird er in seiner Person etwas von dem Vertrauen verwirklichen, das man zu Gott haben soll.

54

al-QAWIYYU (al-Qawî)
Der Starke

Im Sinne von „Derjenige, der über alles Gewalt hat".
Im Koran: VIII,52; XI,66; XXII,40; XXII,74; XXXIII,25; XLII,19;
LVII,25; LVIII,21; LIX,23.

In manchen Koranstellen hat der Begriff eine Färbung, die an den
alttestamentlichen Gott der Bibel erinnert: Gott der Rache und der
Gerechtigkeit. Im Koran heißt es (XI,66): Es wird ihnen ergehen
„wie den Leuten Pharaos und denen, die vor ihnen lebten: Sie glaubten nicht an die Zeichen Gottes, und da kam Gott für ihre Schuld
über sie. Gott ist stark und verhängt schwere Strafen. Und als dann
unsere Entscheidung eintraf, erretteten wir in unserer Barmherzigkeit Sâlih und diejenigen, die mit ihm glaubten, auch vor der
Schande an jenem Tag. Dein Herr ist der Starke und Mächtige."

Wirkliche Stärke wird mit den Jahren nicht schwächer, sie
nimmt nicht aus psychischen Gründen ab, auch führt sie nicht zu
Übertreibungen, sonst wäre sie bloß vergängliche Stärke. Gottes
Kraft kommt auch in seiner Schöpferphantasie zum Ausdruck, in
einem einfachen Grashalm oder in den Abertausenden von Gala-
xien im endlosen All. Sie ist unerschöpflich, sie beseitigt und bewahrt, sie straft und verzeiht; ihr Gleichgewicht ist unerschütter-
lich.

'ABD-AL-QAWÎ. Wer seinem Kind diesen Namen gibt, will in ihm Gottes Stärke zum Ausdruck kommen lassen. Es soll seine Begierden und seinen Ehrgeiz überwinden. Der wirklich Starke bleibt in einem gesunden Maße ausgeglichen. Man wird ihn achten, fürchten, aber auch zum Vorbild nehmen.

55

al-MATÎNU
Der Kraftvolle

Im Sinne von „Derjenige, der Macht und Festigkeit hat".
Im Koran: LI,58.

Dieser Gottesname hat auch die Bedeutung von „Gleichmut", „Unerschütterlichkeit". Auf Gott bezogen, besagt er die Vollkommenheit seiner grenzenlosen Macht, aber auch, daß das ganze Universum geradzu „Ungestüm" von seinem Wesen durchdrungen ist.

Für die Sufis weist dieser Name auf die Eigenschaft hin, die notwendig ist, um angesichts der Verlockungen der sichtbaren Welt ein unerschütterliche Haltung zu erlangen. Er bezeichnet auch jene Geradlinigkeit im Denken und Handeln auf dem langen Weg der Mystik, wenn diese Entwicklungsstufe erreicht ist.

'ABD-AL-MATÎN. Gottes Stärke durchdringt alles, darum soll ein Mensch, der diesen Namen trägt, bedenken: Von Gott kommt das Gute, aber auch die Strafe. Keine Schwierigkeit soll ihn vom rechten Weg abbringen und keine Mühe vom Lobpreis Gottes abhalten. Wenn er voll und ganz auf die unangreifbare Stärke Gottes vertraut, wird ihn niemand einschüchtern können.

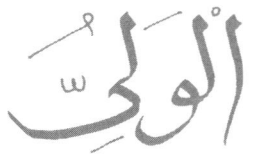

56

al-WALIYYU
Derjenige, der die Herrschaft innehat

Alternative: Derjenige, der Autorität besitzt. Im Koran:
II,107; VI,51; XIII,11; XVIII,44.
Dieser Name ist leicht mit **al-Wâlî** (Nr. 77) zu verwechseln.

Manchmal wird dieser Name mit „Meister", „Gönner" wiedergegeben, etwa im Zusammenhang mit folgendem Koranvers (II, 107):
„Weißt du denn nicht, daß Gott die Herrschaft über Himmel und
Erde hat? Außer ihm habt ihr weder Freund noch Helfer." Religiös
ist er sowohl auf Gott anwendbar als auch auf den kontemplativen
Mystiker, den man im Abendland „heilig" nennen würde. So sagt
auch Ibn al-'Arabî: „Die *walâya* ist die höchste Heiligkeit, die göttliche Freundschaft."

Bei dem Sufilehrer Dhû al-Nûn al-Misrî (gest. 860) findet sich
ein esoterischer Abriß, der von seinen Schülern vielfach kommentiert wurde: „Ich bin der *walî* jedes Menschen, der mir gehorcht.
Folglich setze jeder, der mir gehorcht, sein Vertrauen auf mich und
nehme mich zum Maßstab. Bei meiner Allmacht! Wenn er mich
dann um das Weltende bittet, werde ich für ihn das Ende setzen."
Als Dhû al-Nûn von der Frau sprach, die ihn in die Mystik eingeführt hatte, die Türkin Fatima aus Nîschapûr (gest.838), sagte er:
„Sie ist eine *waliyya* aus der Zahl der ‚Freunde Gottes'."

Üblicherweise wird der Name als Hinweis auf die Liebe und den Schutz gedeutet, den Gott jenen gewährt, die ihn reinen Herzens und mit ungeteilter Hingabe verehren. Ihre Abkehr von den irdischen Gütern und Verlockungen wird durch den guten Ausgang ihrer menschenfreundlichen Werke und durch die Ausdauer ihrer Bemühungen ergänzt. Da sie aber wissen, daß alles von Gott kommt, leben sie voll Vertrauen und entbehren nichts; sie benötigen nichts anderes als Gottes *walâya*.

'ABD-AL-WALÎ. Dieser Name soll die Liebe zu all jenen erwecken, die in der kontemplativen Gottesschau leben. Darüberhinaus soll er zur Heiligkeit und zu Werken, die das spirituelle Wachstum anderer Menschen fördern, anregen.

57

al-HAMÎDU
Der Gelobte, Der Verherrlichte

Im Koran: XI,73; XXII,24; XXXV,15; XLI,42.

Dieser Name ist schon im zweiten Vers der ersten Sure enthalten:
„Lob sei Gott, dem Herrn der Menschen in aller Welt."
Dabei geht es um eine göttliche Eigenschaft schlechthin, deren
Name und Begriff in allen Sufischriften immer wieder vorkommt.
Damit wird auch gesagt, daß Gott der „Höchstgelobte" aller Zeiten,
aller Völker, der ganzen Schöpfung ist, weshalb die Anbetung und
die Pflicht, ihn zu preisen, hervorgehoben wird. Und wirklich ist ja
das Gebet eines guten Muslim kein Bittgebet zu Gott um Wohltaten
oder Lohn, wie schon bei seinem Namen **al-Karîmu** (Nr. 43) ausgeführt wurde, sondern ein reiner Akt der Anbetung des Schöpfers.
Dieser Name gilt auch als „Prototyp" der positiven Eigenschaften der Schöpfung: alles, was erschaffen wurde, verherrlicht Gott,
aber die „Qualität" der Schöpfung ist an sich schon höchstes Gottes-
lob.
Der Name stellt ein Beziehungsattribut dar. Nach Ibn al-'Arabî
erreicht der Mensch die „Heiligkeit", sobald er in die göttlichen
Eigenschaften der Namen **al-Waliyyu** und **al-Hamîdu** (Nr. 56 und
57) eingedrungen ist, wobei letzterer den eigentlichen Inhalt aller
positiven Eigenschaften der Schöpfung bezeichnet.

Die Anbetung ist in der gottgewollten Ordnung des Universums und im „Leben" der sichtbaren Welt implizit vorhanden. Alles ist ja seine Schöpfung und besitzt seine Schönheit, wenn man sie nur sehen will. Schon durch die Inanspruchnahme der Nahrungsquellen verherrlichen wir automatisch und unbewußt den, der diese Ressourcen schuf. Diese Auffassung von der Anbetung und dem Lobpreises Gottes ist ein häufig widerkehrendes Thema der islamischen Mystik, die in diesem Punkt mit der christlichen übereinstimmt. Dies beweisen etwa die Worter des hl. Johannes vom Kreuz (1542–1591: „Dich still anbeten, wenn Du zu uns kommst; / Dich still anbeten wie stürzendes Wasser, / seine Fluten drücken Dämme ein! (…) / O Herr! Komm zu mir, laß mich von Dir trunken werden. / O Glanz, der mich umfängt: wie eine schlichte Frau / sich zu ihrem Gatten neigt, so gewähre mir die Freiheit / Dein Geheimnis zu enthüllen, in Dein Gehör zu dringen, / mich am Himmel zu berauschen wie ein Narr."

Darum ist es nicht das Schlimmste, Atheist zu sein und keinen Glauben zu haben – Gott gibt ihn, wem er ihn geben will, und gibt ihn nicht, wem er ihn vorenthalten will, wie der Koran mehrmals sagt – sondern, Gott andere Gottheiten beizugesellen.

'ABD-AL-HAMÎD. Dieser Name regt zur Dankbarkeit für Gottes Schönheit an, die über alle geschaffene Schönheit erhaben ist. Der Träger dieses Namens soll sich seiner würdig erweisen und seine Handlungen sollen das wohlüberlegte Ergebnis einer Prüfung all jener Werte sein, die einem Werk letztlich Gültigkeit verleihen.

58

al-MUHSÎ
Der Zählende

Im Koran als Wirkattribut Gottes: XXXVI,12; LVIII,6; LXXII,28.

In Übereinstimmung mit **al-'Alîmu** (der Allwissende, Nr. 20) besagt dieser Name, daß Gott alles Gezählte in sich enthält und allumfassend kennt, und mit **al-Qâdiru** (der Mächtige, Nr.69), daß er alle Macht darüber hat. Mit dem Namen **al-Chabîru** (der Scharfsinnige, Wohlunterrichtete, Nr. 32) kennt er auch die geheimsten Gedanken und Taten. Mit **al-Schahîdu** (der Zeuge, Nr. 51) bezeugt er alles, was ist, auch das kleinste Atom. Folglich ist Gott im Besitz des ganzen quantitativen Wissens und sieht und kennt jedes einzelne Ding so, wie es wirklich ist. So ist ihm auch der winzigste Teil des Universums seiner Natur, Wirken, Stellung und Entsprechung nach eingehend bekannt.

Im Koran (XXXVI,12) heißt es: „Wir machen die Toten lebendig. Und wir schreiben auf, was sie früher getan, und die Spuren, die sie hinterlassen haben. Alles haben wir in einem deutlichen Hauptbuch aufgezählt." Darum ist auch nicht die kleinste Tat verloren oder ohne belohnende oder strafende Konsequenz. Anderseits speichern auch wir jede unserer Handlungen, wenn wir sie auch nicht alle gedächtnismäßig abrufen können: In unserer Großhirnrinde ist alles perfekt aufgehoben. Eingriffe bei geöffneter Schädeldecke zeigten, daß jede beliebige Region des Großhirnmantels durch elektrische Stimulierung veranlaßt werden kann, das darin gedächtnismäßig Gespeicherte herauszugeben. Die von der Archepsyche ausgearbeiteten, unbewußten Schuldgefühle bewerten alle unsere Handlungen besser und vollständiger als unser Bewußtes (Neopsyche).

Eine Innenschau unserer Taten führt uns zur vollen persönlichen Verantwortung. Wir leben dann, wie der Koran (II,48) sagt, in dem Bewußtsein „einen Tag zu erleben, an dem niemand etwas anstelle eines andern übernehmen kann und von niemand Fürbitte oder Lösegeld angenommen wird, an dem sie keine Hilfe finden werden!"

Im Zusammenhang mit diesem Name sagt der Koran (XX–XIX, 69–70) über den Tag des Jüngsten Gerichtes folgendes aus: „Und die Erde erstrahlt im Licht ihres Herrn. Und die Schrift wird aufgelegt. Und die Propheten und Zeugen werden herbeigebracht, und zwischen ihnen wird nach der Wahrheit entschieden, ohne daß ihnen Unrecht getan würde. Und jedem wird voll heimgezahlt, was er getan hat. Gott weiß sehr wohl, was sie tun."

Jedem Menschen ist objektiv die Möglichkeit gegeben, schon jetzt, vor diesem letzten Tag, bei sich selbst Abrechnung zu halten.

'ABD-AL-MUHSÎ. Sein Träger soll möglichst allen Dingen um sich und insbesondere in sich auf den Grund gehen, indem er seine Handlungs- und Lebensweise stets objektiv durchleuchtet.

59

al-MUBDI'U
Derjenige, der wiederbeginnt

Alternativen: Der Beginnende, Der Erneuerer, Der Zuvorkommende.
Im Koran wird die Bedeutung ersichtlich aus VII,29;
XXIX,20; XXX,11; LXXXV,13. Dieser Name ist mit dem folgenden,
mit dem er sinngemäß verbunden ist, zu rezitieren.

Dieser Name hat einen doppelten Inhalt. Einerseits bezeichnet er
Gott als „denjenigen, der Lebendiges aus nichts erschafft" und an-
dererseits als „denjenigen, der mit seiner Aufmerksamkeit den
Wünschen zuvorkommt". Im Koran (VII,29) heißt es: „So wie er
euch ein erstes Mal gemacht hat, werdet ihr zurückkehren." Bei
'Abû Dscha'far Tabarî, einem Theologen des zehnten Jahrhunderts,
hat dieser Vers die wohl zu enggefaßte Bedeutung „Ihr werdet zu
ihm zurückkehren, wie es vorherbestimmt und beschlossen wurde."
Tatsächlich war dieser Vers die Grundlage für eine theologische
Richtung, die eine unentrinnbare Vorherbestimmung vertrat. Doch
schon der darauffolgende Vers (VII,30) diente einer anderen Richtung, nämlich der, der Muta'zilîten als Beweis für die freie Willens-
entscheidung *(ichtiyâr)*: „Einen Teil hat er rechtgeleitet. An einem
Teil ist der Irrtum in Erfüllung gegangen. Sie haben sich die Satane
an Gottes Statt zu Freunden genommen und meinen, sie seien rechtgeleitet."

Je nach der Nuancierung dieses Namens ist Gott der Urheber aller Dinge, ohne irgendwelche Pläne und Vorbilder. Er verleiht der Materie wunderbare Kraft (z.B. durch die Ladung mit Protonen und Elektronen), er ist die einzige Quelle der Energie, durch die die Materie besteht und er ist der Spender der Gaben und des Lebens, der Gesetze und des Lohnes, alles, was die Wirklichkeit der Materie übersteigt. Man sollte diejenigen, die ein rein materielles Menschenbild vertren, fragen, woher diese Materie wohl die Fähigkeit besitzt, Erhabenes zu denken und Transzendentes zu fühlen.

'ABD-AL-MUBDI'. Ein Mensch dieses Namens bedenke seinen eigenen und den Ursprung aller Dinge, damit er die Quelle alles Bestehenden und den Urgrund unserer tiefsten Gefühle erkenne.

60

al-MU'ÎDU
Der Wiedererwecker

Im Sinne von „derjenige, der neu belebt". Dieser Name
wird im Zusammenhang mit dem vorigen in den Koranversen
VII,29; XXIX,20; XXX,11; LXXXV,13; erläutert.
Er ist gemeinsam mit dem vorigen Namen zu rezitieren.

Dieser Gottesname hebt vor allem Gottes Allmacht hervor, wie
etwa in der folgenden Koranstelle (XXIX,20): „Sag: Zieht im Land
umher und schaut, wie er die Schöpfung ein erstes Mal vollzogen
hat! Hierauf verleiht Gott ein letztes Mal Existenz. Er hat zu allem
die Macht." Und in Vers LXXXV,13 heißt es: „Er erschafft ein erstes Mal und wiederholt die Schöpfung."

Die Vorstellung von der Auferstehung ist ein Grundpfeiler
des Islams – wie auch des Judentums, des Christentums und
anderer Religionen – wird jedoch jeweils verschieden interpretiert.
Die Zeugen Jehovas glauben, so wie manche schlichten Seelen
unter den Muslimen, an eine wirkliche, echte Rückkehr in den stofflichen Körper. Die Sufis verstehen die Auferstehung dagegen
symbolisch. Sie betrachten die diesbezüglichen Koranstellen als
die Erklärung der göttlichen Macht mit der Hilfe von bildhaf-
ten Vorstellungen, damit sie auch einfache Menschen verstehen
können.

Schon zur Zeit des Propheten Mohammed, als die Begriffe „Seele" und „Leben nach dem Tod" noch eher vage und keineswegs definiert waren, wurde die Auferstehung geleugnet und kritisiert. Viele Koranverse beziehen sich auf diese Zweifel; so heißt es in Vers LXXV,11: „Nein doch! Ich schwöre beim Tag der Auferstehung und bei einem, der bittere Vorwürfe machen wird. Meint der Mensch, wir würden seine Knochen nicht zusammensetzen? Aber ja! Wir sind imstande, seinen Finger zu formen. Doch der Mensch will drauflossündigen; oder: einen Spalt vor sich öffnen. Er fragt: ‚Wann wird der Tag der Auferstehung eintreffen?' Wenn dann die Augen geblendet sind, der Mond sich verfinstert und Sonne und Mond miteinander vereinigt werden, an jenem Tag sagt der Mensch: ‚Wohin kann man fliehen?' Nein! Es gibt keine Zuflucht."

Und in Vers XXII, 5–7 heißt es: „Ihr Menschen! Wenn ihr wegen der Auferweckung im Zweifel seid: Wir haben euch aus Erde geschaffen, hierauf aus einem Tropfen, hierauf aus einem Embryo, hierauf aus einem Fötus, gestaltet oder auch ungestaltet, um euch Klarheit zu geben. Und wir lassen, was wir wollen, bis zu einer bestimmten Frist verweilen. Hierauf lassen wir euch als Kind herauskommen. Hierauf sollt ihr mannbar werden. Und der eine von euch wird abberufen, ein anderer erreicht das erbärmlichste Alter, so daß er, nachdem er Wissen gehabt hat, nichts weiß. Und du siehst, daß die Erde erstarrt ist. Wenn wir dann Wasser auf sie herabkommen lassen, gerät sie in Bewegung, treibt und läßt allerlei herrliche Arten wachsen. Dies deshalb, weil Gott wahrhaftig ist, die Toten zum Leben bringt und zu allem die Macht hat, und weil die Stunde – an ihr ist nicht zu zweifeln – kommen und Gott, die in den Gräbern sind, auferwecken wird."

Für viele Sufilehrer ist der Jüngsten Tag im Vertrauen auf den Augenblick ihrer Rückkehr zu Gott ein Zeichen für jene Harmonie und Ausgeglichenheit, wie sie der bewußte Mensch auf Erden vergeblich sucht. Er bedeutet die Vernichtung des eigenen Ichs in seinem Licht nachdem der Mensch auf Erden einen seiner göttlichen Aspekte erfahren durfte: die Schöpferkraft, durch die alles Stoffliche existiert.

Die Welt der Materie lebt in der Zweiheit positiver und negativer Ladungen, die in die Materie gebettete Seele erlebt die Spannung zwischen Gut und Böse. In der Welt des Geistigen aber, der Emanation und Spiegelung Gottes, wird das Gleichgewicht zweifellos jenseits aller Dualität erreicht. Für manche Lehrer, wie z.b. Ibn Chaldun (1332–1406), den Soziologen und Historiker aus Tunesien, ist die „Reinkarnation" weltlich gesehen, das Zeichen des unaufhörlichen Flusses von Kulturen und Zivilisationen. Der italienische Philosoph Giovan Battista Vico (1668–1744) nannt das „die Läufe und Rückläufe der Geschichte."

'ABD-AL-MU'ÎD. Ein Mensch dieses Namens soll versuchen zu verstehen, was die kulturelle Entwicklung der Erde in Bewegung setzt: jene ununterbrochenen Zyklen, aus denen sie und alles Irdische entstehen, erstarken, erlöschen, um von neuem zu erscheinen.

61

al-MUHYÎ
Der Lebendigmachende

Alternativen: Derjenige, der das Leben zurückgibt; Der Erschaffer
des Lebens. Im Koran: II,258; III,156; VI,133; VII,158; IX,116; XV,23;
XXIII,80; XL,68; XLIV,8; LIII,44; LVII,2; LXVII,2. Dieser Name
ist mit dem folgenden zu rezitieren. Auch im Koran stehen die Namen
Nr. 61 und 62 fast immer gemeinsam in einer Sure.

„Gott ist es, der lebendig macht und sterben läßt." Die Macht, wieder lebendig zu machen, kann er auch seinen Propheten verleihen,
wie Jesus sagte: „,Ich bin mit einem Zeichen von eurem Herrn zu
euch gekommen, daß ich euch aus Lehm etwas schaffe, was so aussieht, wie Vögel. Dann werde ich hineinblasen, und es werden mit
Gottes Erlaubnis Vögel sein. Und ich werde mit Gottes Erlaubnis
Blinde und Aussätzige heilen und Tote lebendig machen'(…)"
(III,49).
　　Im Koran finden wir übrigens drei verschiedene Eigenschaften
des Lebens angeführt. In den Versen XXI,30 und XXV,54 wird das
Leben physisch, beinah wissenschaftlich beschrieben. "Haben denn
diejenigen, die ungläubig sind, nicht gesehen, daß (…) wir alles, was
lebendig ist, aus Wasser gemacht haben?" „Und er ist es, der aus
Wasser einen Menschen geschaffen (…) hat." Daneben wird das
Leben auch als ein geistiger Wert verstanden, der es wohl wert ist,

daß man um seinetwillen auf dem langen, wunderbaren Weg zu
Gott den irdischen Tand hinter sich läßt. Schließlich hat das Leben
die Dimension des Ewigen. Dies hängt von unserer Lebensführung
auf Erden abhängt und unterliegt folglich unserer persönlichen Entscheidung, für die wir – wie der Koran immer wieder sagt – voll verantwortlich sind.

Für die Sufis, die den Chischtiorden angehören, der von Mu'în
al-Dîn Muhammad Chischtî (gest. 1236) in Indien gegründet
wurde, und für die Angehörigen einiger anderer Orden ist das ständige Aufeinanderfolgen von Leben und Tod, wie es der Koran beschreibt, eine glaubwürdige Begründung für den Glauben an eine
ständige Wiedergeburt. Ihrer Vorstellung nach wird man solange
wiedergeboren, bis ein Grad höchster Reinheit und Einsicht erreicht
ist. Diese Reinkarnation erfolgt, anders als im Buddhismus oder
Hinduismus, ausschließlich von Mensch zu Mensch, denn nur dieser ist gänzlich für seine Handlungen und Entscheidungen verantwortlich. Darauf beziehen sich auch die folgenden Koranstellen:
„Du läßt die Nacht übergehen in den Tag, und den Tag in die Nacht.
Du bringst das Lebendige aus dem Toten hervor, und das Tote
aus dem Lebendigen" (III,27). „Er bringt das Lebendige aus dem
Toten hervor, und das Tote aus dem Lebendigen. Und er belebt die
Erde, nachdem sie abgestorben war. So werdet ihr hervorge-
bracht werden" (XXX,19). „Wir machen die Toten lebendig (…)"
(XXXVI,12).

Zum Abschluß folgt noch ein Vierzeiler von 'Omar Chayyam
(1048–1131): „Glaube und Unglaube trennt ein Hauch; / und so
auch Gewißheit von Zweifel; / gehen wir heiter durch den kostba-
ren Raum eines Hauches, / denn auch unser Leben trennt ein
Hauch vom Tod."

'ABD-AL-MUHYÎ. Wer diesen Namen trägt, soll die Sünde, das
Symbol des Dunkels und des Todes, überwinden und sich im
Namen Gottes, der Leben ist, läutern.

62

al-MUMÎTU
Der Todbringende

Im Koran: II,258; III,156; VI,133; VII,158; IX,116; XV,23;
XXIII,80; XL,68; XLIV,8; LIII,44; LVII,2; LXVII,2. Der Name ist mit
dem vorigen, mit dem er eng zusammenhängt, zu rezitieren.

Für den Muslim ist der Tod nur ein Übergang *(intiqâl)* von der
„näheren" *(al-Dâr al-Dunyâ)* zur letzten Wohnstätte *(al-Dâr al-
Achira)*, vom irdisch gegenwärtigen zum künftigen Leben, zum Jenseits: „Ein jeder wird den Tod erleiden", heißt es im Koran (III,185)
und an anderer Stelle (XXXI,34): "Gott weiß über die Stunde Bescheid (…) niemand weiß, was er am nächsten Tag erwerben wird,
und niemand weiß, in welchem Land er sterben wird. Gott weiß Bescheid und ist wohl unterrichtet." Das hilft dem frommen Gläubigen, Gottes Beschluß und die Unabwendbarkeit des leiblichen Todes hinzunehmen und nicht selbstsüchtig zu trauern, wenn er von
seinen Lieben getrennt wird. Es hilft ihm aber auch, den eigenen
Tod und den damit verbundenen Verzicht und Abschied zu akzeptieren.

Am Ende ist der Gläubige für das Leben dankbar, das Gott ihm
gegeben hat. Geduldig erträgt er auch das Negative, das es mit sich
bringt, eingedenk des Ausspruchs des Kalifen ’Alî: „Das Gute, das
du hast, kommt dir von Gott, das Übel, das du hast, kommt von dir

selbst." In der Tat „ist das Leben Wahrheit, und die Wahrheit ist Gott: folglich ist nur Gott Leben", wie Dschalâl al-Dîn Rûmî sagte. Der Tod wird also für notwendig gehalten, um zur Wahrheit zu gelangen, wie der Koran (L,19) sagt : „Und der Todeskampf bringt die Wahrheit."

Wahrscheinlich ist das der Grund, weshalb Selbstmord in der muslimischen Welt sehr selten ist. Zweifellos hängt dies aber auch mit dem richtig verstandenen Glauben an Gott zusammen. Das einzige berühmte Beispiel für einen Selbstmord ist Ibn Sab'în (1217–1270), ein auch in Europa bekannter Philosoph, der die sogenannten *Sizilianischen Fragen* des Staufenkaiser Friedrich II. beantwortete, die dieser an islamische Gelehrte gerichtetet hatte .

Viele muslimische Dichter schrieben über den Tod und die Zerbrechlichkeit des Lebens, das einer Kerzenflamme gleicht, die durch den geringsten Luftzug von einem Augenblick auf den anderen verlöschen kann. Aus den zahlreichen Beispielen seien nur zwei von 'Omar Chayyam (1048–1131) angeführt:

„Das Rad des Himmels rollt meinem und deinem Tod entgegen. / Verbünde dich, Freund, gegen meine und deine Seele. / Komm, komm und setze dich auf das Gras, denn es bleibt uns wenig Zeit / ehe aus unserer Asche neues Gras erwächst."

„Wenn einst meine und deine Seele von uns gewichen sind, / wird man auf mein und dein Grab zwei Ziegel legen. / Dann wird man, um andere Gräber zu bedecken, / meine und deine Asche dem Ziegelbrenner geben."

'ABD-AL-MUMÎT. Dieser Name soll seinen Träger nachdenklich machen über unsere Hinfälligkeit, über die vielen negativen Kräfte, die in das Menschenherz dringen, über die Vergänglichkeit von Ruhm und Reichtum, vor allem aber über das göttliche Licht, das uns nach dem Tod erwartet.

63

al-HAYYU
Der Lebendige

Eine andere zulässige Bedeutung ist Derjenige, der leben und sterben läßt.
Im Koran: II,255; III,2; XX,111; XXV,58; XL,65.

Der Name, dessen Sinn augenscheinlich ist, gehört zu den essentiellen Attributen Gottes. Nach al-Ydschî besagt er, daß Gott ständig tätig ist und alles wahrnimmt, während auf ihn absolut nichts wirken und niemand ihn sehen kann, ohne vorher zu sterben. Für al-Ghazzâlî ist er aufgrund der Vollkommenheit seines Wirkens und Wahrnehmens der im höchsten und vollkommensten Grad Lebendige.

Der, der das Leben gibt und der ewig ist, ist in der Tat der allein Lebendige, da er aus eigenem Leben existiert und der ganzen Schöpfung Dasein gibt. Er schuf verschiedene Formen des Lebens, deren harmonische Verflechtung in einer ständigen gegenseitigen Abhängigkeit besteht.

Das pflanzliche Leben hat ein begrenztes „Bewußtsein", seine Möglichkeiten sind relativ, wenn auch eine Eiche länger lebt als ein Mensch. Das Leben des Tierreichs ist freier und wir bewerten es höher als das pflanzliche. Die Menschen hingegen besitzen weitere Möglichkeiten wie Gedächtnis und Intellekt, und sind deshalb für ihre Handlungen verantwortlich.

Diese Steigerung wurde von Dschalâl al-Dîn Rûmî, dem größten mystischen Dichter der Turkvölker (1207–1273) deutlich zum Ausdruck gebracht: „Welche Mühe, welche Plage vollbrachte der Stein, um ein Grashalm zu werden; und der Grashalm, um ein Baum, und ein Baum, um ein Mensch, und der Mensch, um Engel zu werden. Und welche Mühe, welche Plage vollbrachte der Engel, um Stein zu werden. (…) In dem Augenblick, da du auf die Welt kamst, wurde vom Dasein eine Leiter vor dich gestellt, damit du fliehen kannst. Zunächst warst du Gestein, dann Pflanze, dann wurdest du Tier: Wie kann dies deinen Augen verborgen bleiben? Danach wurdest du Mensch, begabt mit Wissen, Verstand und Glauben. Siehst du, wie dieser Leib ein Ganzes wurde, obwohl er ein Teil dieser Welt aus Staub ist? Sobald du aus deiner menschlichen Lage ausgefahren bist, wirst du ohne weiteres ein Engel werden. Sobald du mit der Erde fertig sein wirst, wird der Himmel deine Wohnung sein. Übersteige noch die Stufe des Engels: dring ein in diesen Ozean, damit dein Wassertropfen ein Meer werde, größer als tausend Meere von Omân. Verzichte auf die Bezeichnung ‚Sohn‘ und sprich aus ganzem Herzen: ‚Gott ist einer allein‘."

Es gibt allerdings nur wenige Menschen, die das große Potential, das ihnen hierzu gegeben wurde, auch nur teilweise ausnützen. Auf der Stufenleiter der geistigen Entwicklung zeigen die Künstler und Mystiker, jene Menschen, die der Welt Schönheit und Geist schenken, verschiedene Arten „lebendig zu sein", das Leben zu erfassen, zu verstehen und zu verkörpern. Aber nichts von all dem ist ewig, absolut oder vollständig.

'ABD-AL-HAYY. Angesichts der Absolutheit des göttlichen Lebens soll der Träger dieses Namens versuchen, die irdischen Begierden in sich abzutöten. Dabei soll er zur Erkenntnis seiner selbst gelangen und erfahren, daß der Schöpfer in seinem Inneren wahrhaft der Abglanz des ewigen Lebens ist.

64

al-QAYYÛMU

Der Beständige

Andere Bedeutungen: Derjenige, der aus seinem eigenen Sein
heraus Bestand hat; Der Dauerhafte, Der Aufmerksame, Der Feststehende,
Der Unveränderliche. Im Koran: II,255; III,2; XX,111.

Als negatives Attribut bedeutet der Name „derjenige, der aus sich
selbst heraus Dauer hat ohne anderen Seinsgrund als sich selbst"
(qâimu bi-Dhâtihu). Mit ihm ist auch derjenige gemeint, „der über
die Schöpfung herrscht und sie ordnet, ohne den nichts Bestand
hat".Daher ist Gott auch der ewige Archetypus, aus dem alle Formen hervorgehen: Gäbe es keine Formen mehr, würde die Schöpfung von neuem beginnen, das Bild des ewigen, immerwährenden
Archetyps widerzuspiegeln. Da also jede Lebensform der Abglanz
des unveränderbar Lebendigen ist, gibt es für einen Menschen keine
schönere Art, Gott in seiner Eigenschaft **al-Qayyûmu** zu verehren,
als Frieden und Eintracht auf Erden zu verkünden und die Geißel
des Krieges so gut als möglich zu vermeiden.

'ABD-AL-QAYYÛM. Wer diesen Namen trägt, soll bezeugen,
daß alles nur darum besteht, weil er ist. Indem er Frieden auf der
Welt verbreitet, soll er Gott als den Lebendigen sichtbar machen.

65

al-WÂDSCHIDU
Derjenige, der feststellt

Andere zugelassene Interpretationen: Derjenige, der begegnet;
Der dich findet, wo du auch seist; Der Reiche; Der Vollkommene.
Im Koran wird der Name aus einer mehrmals vorkommenden
Wurzel abgeleitet, z.B.: XCIII,5; XCIII,8.

Als negatives Attribut kann dieser Name bedeuten „derjenige, dem
nichts mangelt und der nichts benötigen kann".

Gott ist überall und gleichzeitig gegenwärtig. In Gott, dem
Schöpfer von Raum und Zeit, gibt es weder das eine noch das andere, sondern nur Allgegenwart und Unendlichkeit. Folglich ist er
„derjenige, der begegnet" schlechthin, denn alles besteht wahrhaftig in seiner Gegenwart, und nur wir bewegen uns auf ihn zu.
Manchmal fühlen wir uns von seiner Gegenwart so sehr durchdrungen, daß wir meinen, bei ihm angelangt zu sein. Da er mit seiner
Gegenwart gleichzeitig auch alles, was außerhalb der vergänglichen
Begriffe Raum und Zeit, wie sie der Materie eigen sind, erfüllt, ist er
auch "derjenige, der feststellt". Darum müssen wir bedenken, daß
auch nicht die geringste unserer Handlungen ohne seine Feststellung geschieht. Wenn dem Gläubigen etwas nottut, braucht er nur
zu sagen: „Herr, ich stehe vor Dir! Du weißt besser als ich, was ich
benötige."

Jeder von uns braucht ständig etwas, das steht ohne Zweifel fest. Das zu leugnen, wäre widervernünftig, denn es gehört zu den Grenzen unserer menschlichen Natur. Aber das Wissen darum, daß Gott derjenige ist, der begegnet, derjenige, der dich findet, wo du auch seist, derjenige, der unser Dasein und unserer menschliches Selbstsein (Ipseität) feststellt, läßt den Menschen mit dem Mystiker al-Hallâdsch (857–922) übereinstimmend ausrufen: „Bin ich es ? Bist Du es? Weit sei von mir der Gedanke, zu behaupten: Zwei! Für immer gibt es eine *Ipseität* von dir im Grunde meines Nichts; und mein Alles, das über allen Dingen steht, meint, ein doppeltes Antlitz zu entdecken. Wo ist nur deine Essenz außerhalb von mir, damit ich deutlich sehen kann? Je mehr sich meine Essenz verdeutlicht, destomehr verliert sie ihre Substanz. Zwischen dir und mir gibt es ein ‚ich bin es‘, das mich quält: denn es liegt außerhalb von uns beiden."

Der Gedanke unserer Identität in und mit Gott war bei al-Hallâdsch so stark gegenwärtig, daß er sagte: „Ich bin die Wahrheit" (vgl. den Namen **al-Haqqu,** Nr. 52). Die absolute Identifizierung mit Gott wurde von den Integralisten, einer anderen theologischen Richtung, für blasphemisch gehalten, weshalb sie ihn nach langen Folterungen zum Tod am Kreuz verurteilten.

'ABD-AL-WÂDSCHID. Dieser Name soll dazu anleiten, die Gegenwärtigkeit Gottes in uns selbst zu suchen und sie in allen Dingen und in jedem Menschen zu erkennen.

66

al-MÂDSCHIDU
Der Edle

Variante von **al-Madschîdu**, Der Preiswürdige
(Nr. 49). Im Koran: XI,73.

Als Beziehungsattribut kann dieser Name **al-'Alîyyu** (der Höchste,
Nr. 37) an die Seite gestellt werden; als Wirkattribut besagt er, daß
Gott im Besitz voller Souveränität und Macht ist. Er verstärkt die
Bedeutung des vorhergehenden Namens und nimmt dabei die ver-
feinerte Bedeutung an „derjenige, der sich selbst genügt", „der-
jenige, der niemals Hilfe braucht."

Scheich Muzaffer Ozak al-Dscherrâhî al-Halvetî (1916–1986)
sagte uns eines abends: „Nicht nur der ist irregeleitet, der Reichtümer anhäuft, ohne sie seinen Mitmenschen zur Verfügung zu stellen,
den rechten Weg hat auch der verloren, der nur dem Ruhm nach-
läuft und ihm in der Illusion, seinen Namen zu verewigen, alles op-
fert."

Eine kurze persische Erzählung berichtet von der Mutter Alexanders des Großen, die an die Pforten des Schattenereiches kam, um
mit ihrem verstorbenen Sohn zu sprechen. Sie fragte: „Wo ist Alexander?" Man erwiderte ihr: „Welcher Alexander? Hier gibt es
Tausende." „Alexander, der König." „Hier gibt es Hunderte von
Königen, die Alexander heißen." „Alexander der Große, der große

Eroberer, der ruhmreiche König." Man gab ihr zur Antwort: „Hier gibt es unzählige Alexander, die große, ruhmreiche Eroberer waren. Sag einfach: ‚Mein Sohn', und wir werden ihn finden."

'ABD-AL-MÂDSCHID. Wer diesen Namen trägt, weiß, daß nichts wichtiger ist, als Gott zu loben. Ob nun sein Name berühmt oder unbekannt ist, er möge ihn gelassen annehmen.

67

al-WÂHIDU
Der Einzige

Im Koran sehr häufig, z.B.II,133; II,163; VI,19; VII,70; IX,31.

Die meisten Listen mit den neunundneunzig Namen führen an dieser Stelle **al-Wâhidu** an, während andere hier **al-Ahadu** (der Eine) aufweisen (man vergleiche jedoch auch **al-Awwalu**, Nr. 73). Al-Ghazzâlî und al-Ydschî z.b. bevorzugen **al-Ahadu**, ein essentielles Attribut schlechthin. Der Unterschied zwischen den beiden Namen besteht in der Interpretation von **al-Ahadu** als „absolute Einheit der Essenz", „die Unübertreffbarkeit und Unwiederholbarkeit der Namen Gottes"und **al-Wâhidu** als „Gott ist einer allein. Es gibt keinen Gott außer ihm."

Al-Ahadu steht mit dem folgenden Namen, **al-Samadu**, in der Sure über den „Glauben ohne Vorbehalt" (CXII,1-4), dem eigentlichen Herzstück des Korans: „Sag: er ist Gott, ein Einziger, Gott, durch und durch. Er hat weder gezeugt, noch ist er gezeugt worden. Und keiner ist ihm ebenbürtig."

Die Einheit Gottes, des Einzigen, ist das Grunddogma des Islams. Um Muslim zu werden, muß vor zwei Muslimen die *Schahâda* gesprochen werden: *Aschchadu an lâ ilâha illâ llâh wa – anna Muhammadan rasûlu llâh:* „Ich bekenne, daß es keinen anderen Gott gibt als Gott; ich bekenne, daß Mohammed ein Prophet Gottes ist."

Dieser Name schließt die „Rivalität" eines anderen Gottes *(nazîr)* absolut aus; er begründet die Nicht-Zweiheit und die Nicht-Teilbarkeit Gottes. Ein Mensch, der durch innere Schau zu dieser Nicht-Teilbarkeit gelangt, kommt auch zu der Erkenntnis, daß alles von Gott abhängt, daß alles in ihm ist und daß Gott das absolut Ganze ist. Doch entzieht sich die Einzigkeit Gottes *(wâhidiya)* jedem Versuch einer unterscheidenden Erkenntnis, während die Einheit Gottes *(ahadiya)* im Unterschiedenen zutagetritt.

Die Sufis schrieben unzählige Abhandlungen über die Einzigkeit und die Einheit Gottes. Bei Nûr al-Dîn Isfarâyinî (1242–1317) lesen wir im Zusammenhang mit diesen beiden Namen: „Wir rufen den ersten an, indem wir ‚Der Einzige' sagen, d.h. Herr, Reiner, Unvergleichlicher. Wir rufen den zweiten an, indem wir sagen: ‚Der Eine', d.h. Der Eine, den die Zweiheit nicht berührt und dessen Herrschaft und Souveränität niemand mit ihm teilt. Diese beiden Wesensattribute rufen wir an, wenn wir sagen: ‚Es gibt keinen Gott außer Gott' (XXXVII,35). Dabei soll: ‚Es gibt keinen Gott' bedeuten, daß niemand so bezeichnet werden kann, und ‚außer Gott' soll ‚außer einzig und allein Gott' bedeuten. (…) Wenn die Sprache an das wahre Sein (**al-Haqqu**) erinnert und ihm die göttliche Einheit *(wahdat)* bescheinigt, so wird das durch das Herz bestätigt, wenn es ‚Einzigkeit' *(yagânagî)* sagt."

Die Einzigkeit Gottes wird von den Sufis als seine *Quiddität* (Washeit) angesehen. Der *tawhîd* ist die Formel, die der Einzuweihende während seiner Initiation auszusprechen hat. Damit werden folgende Bedeutungen symbolisiert:

„Gott ist einer / einzig, keiner ist ihm ebenbürtig. Er ist der Eine / Einzige in seiner Essenz, alles andere ist seine Schöpfung. Er ist der Eine / Einzige in seinen Attributen, und nichts kann ihm gleichkommen. Er ist der Eine / Einzige in seinem Wirken, und nichts ist ohne ihn. Er ist der Eine / Einzige in seinen Namen, und seine Einzigkeit ist unteilbar."

'ABD-AL-WÂHID. Dieser Name wird für gewöhnlich keinem Neugeborenen, sondern einem hochverdienten Lehrer gegeben, der die Bedeutung der Gottesnamen erforscht und sie alle in diesem einen Namen, dem wichtigsten der göttlichen Essenzen, vereinigt hat. Nicht selten aber kommt es vor, daß sich falsche Lehrer in sichtlicher Verirrung diesen Namen selbst zulegen.

68

al-SAMADU

Der Absolute

Alternativen: Der Undurchdringliche, Der Angeflehte, Der Ewige.
Im Koran: CXII,2.

Dieser Name ist der eigentliche Kern der Sure über den „Glauben
ohne Vorbehalt" (CXII, 1–4): „Sag: Er ist Gott, ein Einziger, **al-Sa-**
madu, Gott, durch und durch. Er hat weder gezeugt noch ist er
gezeugt worden. Und keiner ist ihm ebenbürtig."

Dieser Begriff ist nicht so leicht in eine andere Sprache übersetz-
bar. Im großen und ganzen kann man ihn mit „der Undurchdringliche" wiedergeben, aber auch mit „derjenige, der die erhabenste
Würde hat." Als Beziehungsattribut hat er die Bedeutung des
„Herrn" oder „dessen, der regiert"; als negatives Attribut kommt er
in seiner Bedeutung sehr nahe an **al-Halîmu** heran: „Derjenige, den
die Taten seiner Gegner weder stören noch bewegen". Als Beziehungsattribut ist er ferner „derjenige, den man bittet und anfleht"
und als Negativattribut „derjenige, in dem kein Hohlraum ist". Dieser letzte Begriff leitet sich aus der Unmöglichkeit ab, ihn in verschiedene Teile zu teilen oder mit anderem zu vermischen.

Abschließend könnte man zu einer hypothetischen Formulie-
rung gelangen, die den Begriff eines „absolut Ganzen" ohne jeglichen Mangel wiedergäbe: Gott ist der, von dem folglich alles Ge-

schaffene abhängt und der der Seiende schlechthin ist, da nichts ist, außer es wurde von ihm erschaffen.

Er ist auch der Inhaber von allem, der einzige, der alles gewähren kann und der gewährt, ohne zurückzuweisen. Denn das Bedürfnis des Mangelleidenden fällt mit der Gabe des Spenders zusammen, und beides vollzieht sich zugleich mit der Erhaltung, dem Urteil, der Strafe und der Belohnung. Diese absolute Einheit ist keine gleichzeitige, sondern eine zeitlose. Man kann sie vielleicht erahnen, aber nur wenige werden sie verstehen.

'ABD-AL-SAMAD. Wer diesen Namen erhält, sollte die Huld, die Gott der Menschheit und den Welten gewährt, bedenken, ebenso die feststehende Harmonie und das Zusammenwirken, aus der die ganze großartige Unendlichkeit, dieses wunderbar Wirkliche, besteht.

69

al-QÂDIRU
Der Mächtige

Dieser Name kommt im Koran hundertvierzigmal vor,
z.B. II,20; II,106; II,109; II,148; II,165; II,209; II,220; II,228; II,240;
II,259; II,26o; II,284. Er ist mit dem
folgenden, seiner Steigerungsvariante, zu rezitieren.

Die Bedeutung des Namens ist augenscheinlich. Sie betont im Islam vor allem die Schöpfereigenschaft Gottes, dem sie weder Mühe noch Müdigkeit verursacht. Im Koran (II, 255) heißt es: „Ihn überkommt weder Ermüdung noch Schlaf." Gottes Macht liegt jenseits unserer menschlichen Vorstellungskraft, sie ist grenzenlos-unendlich, offenbart sich aber auch in den Eigenschaften aller geschaffenen Dinge. Als Beispiel sei das Gehörknöchelchen genannt, das uns mit dem Trommelfell das Hören, oder der Stimmapparat, der uns das Sprechen ermöglicht.

Al-Qadr ist auch die Vorherbestimmung nach dem Maße der einer bestimmten Sache innewohnenden Möglichkeit. So liest man bei Ibn al-'Arabî in *Fusus al-Hikam:* „Ob eine Bitte sofort erhört oder die Erhörung verschoben wird, hängt von dem ihr von Gott vorherbestimmten Maß ab; wenn die Bitte zu einem Zeitpunkt geschieht, der für ihre Erhörung vorherbestimmt ist, dann erfolgt diese unmittelbar; wenn die Erhörung für einen späteren Zeitpunkt vorgesehen ist, sei es in dieser oder in der anderen Welt, dann wird die Antwort verschoben; damit meine ich die wirksame Erhörung der Bitte, und nicht – das sei klargestellt – die göttliche Antwort: ‚Ich bin da'.“

'ABD-AL-QÂDIR. Mit diesem Namen bezeugt ein Mensch die Macht Gottes , die man im Volksmund „die Hand Gottes“ nennt. Eine der bedeutendsten Persönlichkeiten dieses Namens war Emir Abd al-Qâder (1807–1883), der unglückliche König von Algerien und Autor des *Kitâb al-Mawâqif*, einer Sammlung geistlicher, tief mystischer Schriften.

70

al-MUQTADIRU
Der Allmächtige, Der Fähige

Dieser Name steht im Koran in
enger Verbindung mit dem vorigen Namen.

Dieser Name ist die verstärkende Variante des vorhergehenden. Ursprünglich erschien er nicht in der Liste der schönsten Namen, wurde jedoch später – wie Machlûf Muhammad sagte – durch einstimmigen Beschluß der Theologen in die Liste aufgenommen, weil er im Koran gemeinsam mit dem vorigen Namen erscheint.

Die Bedeutung dieses Namens ist offensichtlich, denn alle Religionen preisen Gottes Allmacht. Der Islam jedoch betont besonders die vollkommene Hingabe des Menschen an Gottes Macht, was schon sein Name besagt: *Islam* bedeutet die (bedingungslose) Hingabe an Gott. Gottes Allmacht ist freilich eine totale, absolute, wie es in Vers II,284 heißt: „Ihm gehört, was im Himmel und auf der Erde ist. Ihr mögt, was in euch ist, kundtun oder geheimhalten, Gott rechnet mit euch darüber ab. Er vergibt dann, wem er will, und bestraft, wen er will. Gott hat zu allem die Macht."

Diesem Namen sind **al-Qahhâru** (der Bezwinger, Nr. 16) und **al-Dârru** (der zu Fürchtende, Nr. 91) zuzuordnen. Im Koran folgt auf den obenzitierten Vers (II, 286): „Gott verlangt von niemand mehr, als er vermag. Jedem kommt zugute, was er begangen hat, und auf sein Schuldkonto, was er sich geleistet hat. Herr! Belange uns nicht, wenn wir vergeßlich waren oder uns versehen haben! Herr! Lade uns nicht eine drückende Verpflichtung auf, wie du sie denen aufgeladen hast, die vor uns lebten! Herr! Belaste uns nicht mit etwas, wozu wir keine Kraft haben! Verzeih uns, vergib uns und erbarm dich unser! Du bist unser Schutzherr. Hilf uns gegen das Volk der Ungläubigen!"

Es gab in der Geschichte gewalttätige Herrscher, die nur dem Namen nach Muslime waren. Sie übertraten die Gebote schwerwiegend, da sie sich den Namen „al-Muqtadir", der Allmächtige, zulegten, der in Wirklichkeit nur Gott zukommt. Traurigen Ruhm erlangte der Kalif von Bagdad, der die grausame Folter eines der größten mystischen Dichter der ganzen Menschheit, al-Hallâdschs (858–922), anordnete. Er ließ ihm Hände und Füße abschneiden, ihn kreuzigen und schließlich enthaupten.

'ABD-AL-MUQTADIR. Wer so heißt, soll sich durch eigene Demut und durch seinen Einsatz für die Eintracht unter den Völkern Gottes Allmacht unterwerfen.

71

al-MUQADDIMU
Derjenige, der nahebringt

Andere Bedeutungen: Der Förderer, Der Darreicher; Derjenige,
der beschleunigt; Derjenige, der auszeichnet. In den Koran ist er wegen
seiner Wurzel in den neunundneunzig Namen enthalten.
Er ist mit dem folgenden zu rezitieren.

Hamdûn al-Nîsâbûrî (gest. 885) schrieb zu diesem Namen: „Er ist
derjenige, der an sich zieht, wen er will, oder von sich entfernt, wen
er will, denn er ist auch derjenige, der den Glauben gibt, wem er will,
und ihn vorenthält, wem er ihn nicht geben will."

Im Bereich des Sichtbaren läßt dieser Name verschiedene Interpretationen zu. So wurde **al-Muqaddimu** z.B. verstanden als derjenige, der die Menschheit der allumfassenden Wahrheit „entgegen-
gehen" läßt, indem er diese teils allmählich offenbart und teils, nach
Phasen undurchdringlichen Dunkels, den Wissenschaftlern durch
Inspiration schenkt. Manche Menschen verwirklichen in ihrem
Leben einen reinen Glauben und sind so denen, die sehen wollen,
ein leuchtendes Vorbild; gleichzeitig werden sie jedoch von kon-
servativen Schatten verdunkelt.

Die Deutung dieses Namens als „derjenige, der auszeichnet" erklärt, weshalb manche Diener Gottes wegen ihres Glaubens überaus
berühmt werden, während andere ständig im Schatten leben, ob-

wohl sie Lichtpole *(qutub al-Nûr)* sind. Sie erklärt auch, weshalb einige Mächtige der Erde gepriesen werden, während man andere bald vergißt.

Der Umstand, daß manche Menschen sehr reich und andere arm sind, daß manche Künstler berühmt werden und andere, bedeutendere, unbekannt bleiben, korrespondiert mit der Auffassung, daß Reichtum, Ruhm und Macht nur Prüfungen sind, die man genauso zu bestehen hat, ebenso wie Armut, Ohnmacht und Mißerfolg. Ich bevorzuge die Deutung, die Gott als den „Herrn des Weges" sieht, auf dem man sich dem Licht und der Wahrheit nähert und auf dem man zu einem „Nähergekommenen" *(muqarrabûn)* wird.

Dhû al-Nûn al-Misrî (771–861) sagte dazu:"Die Brisen der Gottesnähe durchwehen sein Herz, würzig, als kämen sie aus dem Lande *Dârîn.* Dann hofft er, ,Der Nahebringende' möge ihn an sich ziehen, der entfernenden menschlichen Unvollkommenheit zum Trotz."

Als man ihn über die Nähe Gottes befragte, erwiderte Sarî Saqatî (gest. 867), der erste Sufilehrer in Bagdad: „Unsere einzige mögliche Nähe zu ihm ist unser Gehorsam *(tâ'a)!"* Und Abû al-Hussaîn Ahmad Nûrî (gest. 907) schrieb: „Ich glaubte, die ,Annäherung' bestehe in der Konzentration meines Seins, im Entwerden meiner selbst. Welch ein Irrtum! Dir nahezukommen, kann nur von dir gewährt werden."

'ABD-AL-MUQADDIM. Diesen Namen gibt man in der Hoffnung, sein Träger möge stets von Gott beschützt werden und seine Anwesenheit ständig spüren. Auch möge er seinen Mitmenschen begreiflich machen, wie vergeblich es ist, Völker beherrschen und weltliche Ehren suchen zu wollen, da doch die einzig wünschenswerte Nähe Gottes Nähe ist.

72

al-MU'ACHCHIRU
Derjenige, der entfernt

Andere Bedeutungen: Derjenige, der aufschiebt; Derjenige,
der herabsetzt; Derjenige, der zurückweichen läßt. Im Koran: XI,104.
Dieser Name ist zusammen mit dem vorigen Namen zu rezitieren.

Im Koran (XI, 104) wird der Name im Zusammenhang mit dem
Weltende angeführt: „Und wir schieben sie (die Strafe) nur für eine
bestimmte Frist auf." Allgemein wird dieser Name mit Menschen in
Verbindung gebracht, deren Unternehmungen scheitern, sei es auf-
grund eines allgemeinen und unerforschlichen göttlichen Plans, sei
es aufgrund der negativen Folgen für den „unerkennbaren großen
Plan", oder aber, weil Absichten und Durchführung des Menschen
unrein sind. In solchen Fällen ruft man Gottes Nähe an, damit der
Mensch gottgefällige Werke tue *('ibad)* oder man nimmt hin, was
Gott tut *('ubudiyya)*.

Ein besonderer Aspekt der mystischen Spekulation besteht in der
Präsenz *(schuhûd)* oder Absenz *(ghabat)* des Mystikers. Im ersten
Fall ist er bewußter Zeuge, im zweiten unbewußter, nicht „aktuali-
sierter". In seiner Eigenschaft als präsenter Zeuge ruft sich der Mystiker ständig Gottes Identität in Erinnerung und fühlt dabei Gottes
Nähe gemäß alten Spruch: „Verehre Gott, als könntest du ihn sehen,
denn auch wenn du ihn nicht siehst, sieht er dich."

Die zwei Namen „derjenige, der entfernt" und „derjenige, der nahebringt" sind für die Sufis reich an esoterischer Bedeutung: Sie bezeichnen jene, die Gott mehr als andere Gläubige an sich herangezogen hat. Dies war der Ausgangspunkt für die Konzentrations-*(dscham')* und die Trennungslehre *(tafriqa)*. Man nennt die Sufis ja auch die „Nahegekommenen", „die aus der vordersten Reihe, der ersten Bank" *(ahl al-Suffa)*. Manche Autoren leiten daraus den Ausdruck „Sufi" ab, andere sind der Ansicht, er komme von *safâ* (Reinheit) oder von *sûf* (Wolle).

In einer Schrift aus dem 10. Jahrhundert wird ein unbekannt gebliebener Sufilehrer des 9. Jahrhunderts zu diesem Gottesnamen zitiert: „Er hat sie sich nahegebracht, indem er sie ihre Ohnmacht erkennen ließ, und er hat sie von sich entfernt, als sie ihn von sich ausgehend suchen wollten. Es führt zur Trennung, wenn man ihn durch Zweitursachen suchen will, und man erlangt die Konzentration, wenn man ihn in all seinen Inhalten meditiert. (…) Die Konzentration hat sie ihrer Existenz beraubt, und so wird es für sie in der Ewigkeit sein. Die Trennung gibt ihnen eine bemessene, unwirksame Existenz. Ihre Seele fällt in Ohnmacht, da sie angesichts des Seins, auf das sie sich konzentrieren, ihre Existenz verlieren und die Menschheit verlassen. Ihre Konzentration liegt außerhalb der formengebenden Eigenschaften, sie ist für sie das Zunichtewerden aller mit diesen Formen zusammenhängenden Veränderungen und Abwandlungen. Für sie ist die Zeit ein Zustand, der sich in ihrer Ewigkeit, dort, wo sie ohne Form verborgen sind, durch denjenigen auflöst, den sie mit ihrer Konzentration suchen: So lange, bis ihnen in der Trennung widerfährt, was er ihnen, als sie in seiner Gegenwart waren, bestimmt hat. Die Näherung ist ihr Nicht-Bewußtsein, und die Entfernung ihr Sich-Gegenwärtigsein. Je nach dem Gesichtspunkt ist es ihr Sein oder ihr Nicht-Sein."

Wir schließen mit einem Zitat von Dhû al-Nûn al-Misrî (771–861): „Du hast mein Herz mit der Trennung erschreckt, und ich habe nichts erlebt, was bitterer und schmerzhafter war. Je mehr wir durch die Trennung voneinander entfernt werden, desto tiefer erschrecke ich. Und dann läßt du mich die Vereinigung kosten und die Sehnsucht nach dir bis in das Innerste meines Seins hinein anschwellen. Bewundernswert der Liebende, dessen Vereinigung eine immer strahlendere Fülle annimmt und dessen Liebe noch über die Vereinigung hinauswächst."

'ABD-AL-MU'ACHCHIR. Wer diesen Namen innehat, soll sich den Dünkel der Einbildung vor Augen halten und für alles, was Gott ihm gibt, Dankbarkeit zeigen. Jeder Gläubige hat die Aufgabe, sich selbst und Gott treu zu sein und die nichtigen, vergänglichen Eitelkeiten gebührend zu bewerten.

73

al-AWWALU
Der Erste

Dieser Name wird von *wahed* (einer) abgeleitet.
Manche Autoren setzen **al-Ahadu**, Der Eine, an diese Stelle.
Vgl. auch mit **al-Wâhidu**, Der Einzige (Nr. 67).
Im Koran: LVII,3. Dieser Name wird mit dem folgenden rezitiert.

Die CXII. Sure, genannt die Sure „des Glaubens ohne Vorbehalt"
(al-Ichlâs), enthält den ganzen islamischen Gottesbegriff. Sie beginnt mit der Feststellung: „Sag: Er ist Gott, ein Einziger" *(Qul: Hû,
Allâhu, Ahadu)*. Weiter heißt es: „*Allâhu* **al-Samadu** (Nr. 68), Er
hat weder gezeugt, noch ist er gezeugt worden. Und keiner ist ihm
ebenbürtig."

In *Fusus al-Hikam* schrieb Muhî al-Dîn Ibn al-'Arabî: „Die Ein-
heit Gottes, die sich in jenen Namen offenbart, auf denen unsere
Existenz beruht, ist die Einheit der Vielheit *(ahadiyat al-Kuthrah)*.
Die Einheit Gottes, durch die er von uns allen und von den Namen
unabhängig ist, ist die Einheit seiner Wesenheit. Beides ist in dem
Namen **al-Awwalu** enthalten."

Philosophisch bedeutet **al-Awwalu** Gott im Sinne eines „ersten
Seienden". Er ist neben dem Ausdruck „notwendiges Sein" der ge-
bräuchlichste Gottesname und steht sowohl allein, als auch immer
wieder im Kontext mit dem Begriff „Ursache" *(al-Mabda'u al-*

Awwalu). Letzterer wurde von den Übersetzern Aristoteles' und Plotins durch die Wiedergabe der griechischen Ausdrücke *protòs* und *arkaì* in die islamische Ideenwelt eingeführt.

Es ist der Urgrund, der Erzeuger des Seienden, den wir in Plotins *Enneaden* (V,2;1) finden: „Das Eine ist alles und doch kein einziges, denn der Ursprung von allem ist nicht alles, sondern alles ist aus ihm, da es zu ihm gleichsam hinaufgeeilt ist, oder besser: es ist noch nicht bei ihm, sondern wird es sein. Aber wie kann es aus dem einfachen Einen kommen, da in diesem sich keinerlei Vielfältigkeit, keine Zusammenstückung von irgendetwas zeigt? Nun, eben deshalb, weil nichts in ihm war, kann alles aus ihm kommen."

So finden wir in den *Ichwân al-Safâ'*, im *Budd al-'Ârif* und in den zitierten *Sizilianischen Fragen* von Ibn Sab'în den Begriff *al-Qasd al-Awwal*, der den aus Gott abgeleiteten Ursprung ausdrücken soll.

Dieses philosophische Konzept wurde von den Mu'tazilîten, von al-Kindî, al-Fârâbî und von dem großen Philosophen und Arzt Ibn Sinâ (Avicenna) erweitert und fand auch in das abendländische Denken Eingang. Bei al-Ghazzâlî ist Gott „der Erste, der nie gezeugt wurde", der Erste vor allem, der Erste im absoluten Sinn. Freilich warnten alle Philosophen, die sich mit diesem negativen Attribut Gottes intensiv befaßten, auch davor, es anders als absolut sinnbildlich aufzufassen, da er der „Erste" ist, dem in keinster Weise „ein Zweiter" folgt.

Nach Muhî al-Dîn Ibn al-'Arabî steht der Name „der Erste" Gott zu, weil von ihm sowohl die Augenscheinlichkeit des Dieners als auch dessen Handlungen abhängen. „Siehst du ein Geschöpf, dann betrachtest du den Ersten und den Letzten, den Äußeren und den Inneren." Da also nur Gott existiert als der Einzige *(al-Wâhid)* und der Eine *(al-Ahad)*, ist die sichtbare Welt – und in ihr die Erde – „Gottes Schatten". So wirft ein Körper auch nur dann Schatten, wenn er existiert. Von diesem losgelöst ist er nichts, denn weder ist er dieser Körper, noch kann er ohne dessen Existenz bestehen.

'ABD-AL-AWWAL. Wer diesen Namen trägt, soll Gott so verehren, als wäre er der erste seiner Anbeter, der Gläubige der ersten Reihe, der vor ihn allen anderen preist. Eingedenk des Namens **al-Mu'achchiru** (Nr.72) soll er nie vergessen, daß es, ungeachtet seiner Stellung, immer jemanden geben wird, der vor und immer jemanden, der nach ihm kommt.

74

al-ÂCHIRU
Der Letzte

Im Koran: LVII,3. Dieser Name ist mit dem vorhergehenden
zu rezitieren.

„Er ist Alpha und Omega", sagt das Christentum. „Der Erste und
der Letzte", heißt es im Koran mit derselben Bedeutung. In der Tat
hat Gott weder Anfang noch Ende: Er ist der Ewige. „Er ist der Ursprung, der Bewirkende und der Beendende aller Dinge", heißt es
bei al-Ghazzâlî, der den Namen als negatives Attribut auffaßt. Folglich ist Gott das Sinnbild des vollkommenen Kreises ohne Anfang
und Ende, außerhalb von Raum und Zeit, während alles Geschaffene Raum, Zeit, Anfang und Ende hat und zu ihm zurückkehrt.

Nach Muhî al-Dîn Ibn al-'Arabî „kann er nicht der Erste im zeitlichen Sinn genannt werden, denn auf Grund seines Namens wäre er
dann auch der Letzte. Seine Möglichkeiten, sich zu manifestieren,
haben kein Ende, sie sind unerschöpflich. Wenn Gott der Letzte genannt wird, dann darum, weil alles zu ihm zurückkommt, nachdem
es uns bezeugt wurde. So ist seine Eigenschaft als Letzter essentiell
auch seine Eigenschaft als Erster und umgekehrt."

In der weiblichen Form *(âchira)* bedeutet der Ausdruck im Koran das künftige Leben. Mit *al-Dâr al-âchira* ist die letzte Wohnstätte, das Jenseits, gemeint und mit *al-Dâr al-Dunyâ* das derzeitige

Leben, das Diesseits. Dieser Gegensatz wird auch durch die Begriffe *dâr al-Baqâ*, die Stätte der Unsterblichkeit, und *dâr al-Fanâ*, die vorübergehende Bleibe, ausgedrückt.

'ABD-AL-ÂCHIR. Wer so heißt, möge begreifen, daß alles vergeht, außer Gott. Darum soll er jeden Materialismus meiden und geistige Werte pflegen, während er auf die Rückkehr zum einen Ewigen wartet.

75

al-DHÂHIRU
Der Offenkundige, Der Erscheinende

Andere Bedeutungenen: Der ohne jeden Schatten des Zweifels Mögliche; Der Äußere; Derjenige, der sich kundgibt. Im Koran: LVII,3. Mit dem folgenden Namen zu rezitieren.

Als Beziehungsattribut bedeutet er „der durch schlüssigen Beweis Erkannte", als Wirkattribut „der auf offenkundige Weise alle Dinge beherrscht".

Der Begriff kann sowohl als Eigenschaftswort als auch als Hauptwort gebraucht werden. Fast immer wird er mit dem folgenden Namen **al-Bâtinu,** der Verborgene, angeführt. Für die mystisch-philosophischen Betrachtungen, die sich auf das Seelische beziehen, hat der Gegensatz von sichtbar und unsichtbar *(dhâhir, bâtin)* eine besondere Bedeutung. Er bezeichnet verschiedene Parallelitäten: zwischen den inneren und äußeren Sinnen; zwischen dem sinnlich wahrnehmbaren und dem intellektuellen Wissen, also der Innenschau und der äußeren realen Sehfähigkeit und zwischen dem verborgenen Menschenbild, des Seelenlebens, und des zur Schau gestellten Bildes, der Handlungen. Diese Gegensätze weisen auch auf das sichtbare Leben im Diesseits und das uns verborgene Leben im Jenseits hin. *Dhâhir* kommt auch in Verbindung mit anderen Varianten vor, deren Inhalt al-Ghazzâlî in *Ihyâ'* darlegte.

Gott ist für jene, die den Glauben im Herzen haben, deutlich erkennbar, und für jene, die sich lieber für Atheisten halten wollen, vollkommen verborgen. Er ist der „Offenkundige" für den, der zu ihm betet, wenngleich er dabei der „Verborgene" bleibt, da der Mensch sonst zunichte würde. Er ist das Licht, das alles sichtbar macht, das selbst aber wegen seines Glanzes nicht gesehen werden kann. Doch enthüllt er sich deutlich in den Werken seiner Schöpfung.

Für die Sufis ist die Zahl der göttlichen „Evidenzen" unendlich, doch lassen sie sich alle in fünf Seinszustände *(hadarât)* oder Grundmanifestationen einordnen. Es gibt den Seinszustand der absoluten Nicht-Kundtuung, die Seinsstufe der beendeten Kundtuung, die Seinsstufe der relativen Nicht-Kundtuung, die Seinsstufe der absoluten Kundtuung und die Seinsstufe der vollkommenen Kundtuung.

Für diejenigen Theologen, die sich zur schiîtischen Gnosis bekennen, entsprechen *dhâhir* und *bâtin* dem exoterischen und esoterischen Aspekt Gottes. Sie berufen sich deshalb vor allem auf die sichtbare beziehungsweise verborgene Bedeutung der göttlichen Offenbarungen.

Hieraus entwickelte sich auch die Auffassung der zweifachen prophetischen Sendung des Propheten Mohammed *(haqîqat Muhammadîya)*, nämlich einer äußeren und einer verborgenen. Jeder dieser beiden Aspekte wird in der Person des Propheten beziehungsweise in den Imâmen verkörpert. Das ermöglichte der schiîtischen Theosophie (eine religiöse Richtung, die in meditativer Berührung mit Gott den Aufbau der Welt und den Sinn des Weltgeschehens verstehen will) eine vollendete Verbindung zwischen Gnosis und Prophetentum. Da sie aus der Polarität zwischen *dhâhir* und *bâtin* schlußfolgerte, konnte sie der philosophischen Betrachtung eine bevorzugte Stellung einräumen, was für die mystische Spekulation von größter Bedeutung war.

'ABD-AL-DHÂHIR. Dieser Name soll dazu anspornen, Gottes Größe und Wahrheit zu erkennen und in allen Werken der Schöpfung die Offenbarung des Allerhöchsten zu sehen. Diese Werke verkünden sein Lob, so man es nur hören will.

76

al-BÂTINU
Der Verborgene, Der Verhüllte

Im Koran: LVII,3. Dieser Name ist mit dem vorigen Namen zu rezitieren.

Als negatives Attribut besagt er, daß Gott für unsere Sinne verhüllt ist, als Wissensattribut bezeugt es Gottes vollkommene Kenntnis aller geheimen Dinge. Im Propheten Adam, dem Symbol der Menschheit tat er sein Attribut **al-Bâtinu,** kund. Im Koran heißt es, Gott habe Adam die Namen aller Dinge enthüllt und ihm damit die Möglichkeit gegeben, Wissen zu erlangen und den Glauben zu vollenden.

Schon bei dem christlichen Apologeten Quintus Septimius Tertullianus (155–ca. 225) ist zu lesen: „Das, was uns Gott begreifen läßt, besteht eben darin, ihn nicht begreifen zu können; denn die Macht seiner Größe macht ihn für die Menschen offenkundig und verborgen."

Auch **al-Bâtinu** war, wie der vorige Name, Anlaß für viele mystisch-esoterische Gedankengängen von weitreichender Bedeutung. Im *Buch der Lichttempel* schrieb Schihâb ad-Dîn Suhrawardî (1155–1191): „Das Bestand habende Ewige ist essentiell derjenige, der sich aus sich selbst kundtut, mit solcher Intensität, daß er in seiner Manifestierung durch eben diese Intensität verhüllt ist." Und Sayyed Haydar Amolî bemerkt dazu im *Buch der Bücher*: „Gott, der Allerhöchste, erscheint in zweiter Linie mit seinem Namen **al-Dhâhiru**, so wie er sich in erster Linie mit seinem Namen **al-Bâtinu** in Erscheinung gebracht hat. Das Besondere ist, daß er sich in keiner seiner Erscheinungsformen manifestiert, ohne von ebendiesen verhüllt zu sein, und er von keiner verhüllt ist, ohne sich in ebendieser kundzugeben."

Auch dieser Name, der übrigens immer mit dem vorigen verbunden wird, war für die Auslegung des Korans Ausgangspunkt unzähliger Schriften. Bei Abû Bakr Kalâbâdhî (gest. 995) lesen wir: „Die Offenbarung bedeutet ein Lüften des Schleiers über der menschlichen Natur *(baschariyya)*, ohne daß dabei in der Essenz des göttlichen Seins irgendeine Änderung eintritt, denn er ist zu machtvoll, ruhmreich und erhaben. Und das Verbergen besteht darin, daß die Bewußtmachung der unsichtbaren Welt *(ghayb)* durch die menschliche Natur behindert wird. Die Schleier von der menschlichen Natur heben bedeutet, daß Gott dir erlaubt, unter dem Zustrom der Wahrheiten der verborgenen Welt erhalten zu bleiben, denn die menschliche Natur kann den Erscheinungsformen der verborgenen Welt nicht standhalten. Das ist ein anderes Verbergen als jenes, das der Enthüllung folgt, denn in diesem Fall sind dir die Dinge so verborgen, daß du sie nicht sehen kannst."

In Wahrheit gibt es kein „Verborgenes", vielmehr sind es die Grenzen unserer menschlichen Fähigkeiten, die Gott in uns nicht offenbar werden lassen. Auch wenn man nicht den ganzen Ozean in einen Eimer füllen kann, so bleibt doch wahr, daß das Geschöpfte aus ihm kommt. So können wir dahin gelangen, aus dem Teil das Ganze zu erahnen und, ohne das Ganze zu erfassen, doch Teilerkenntnisse zu gewinnen, wie z.B. durch die Betrachtung des Inhalts der neunundneunzig Namen.

Eine andere Interpretation gibt uns zu verstehen, daß Gott in der von ihm geschaffenen Materie verborgen ist: In der sichtbaren Welt können wir ihn entdecken, denn sie ist zwar nicht Gott, kann aber ohne ihn nicht bestehen. Übrigens ist die sichtbare Welt sich selbst Verhüllung, denn da sie nur sich sieht, kann sie Gott, an dessen „Autonomie" sie nicht teilhat, nicht wahrnehmen.

Von den Namen **al-Dhâhiru** und **al-Bâtinu** ausgehend, unterscheiden die Sufis auch ein äußeres, exoterisches, theologisches Wissen *(al-'Ilm al-Dhâhir)* und ein inneres, esoterisches, sufisches Wissen *(al-'Ilm al-Bâtin)*. Auch der Mensch verfügt über inneres Denken und äußeres Handeln. Daraus kann man eine Entsprechung zwischen dem Äußeren und dem Letzten sowie zwischen dem Inneren und dem Ersten ableiten (**al-Dhâhiru-al-Âchiru; al-Bâtinu-al-Awwalu**).

'ABD-AL-BÂTIN. Mit diesem Namen will man einen Menschen zur Betrachtung der göttlichen Geheimnisse anregen, damit er für seine Umwelt ein Werkzeug der Läuterung werde.

77

al-WÂLÎ
Der Aufrechterhalter

Andere Bedeutungen: Der Heilige, Der Schutzherr,
Der Freund, Der Sachwalter; nach al-Ydschî Der Regierende.
Im Koran: II,257; III,68; XIII,11; XLV,19.

Im gewöhnlichen Sprachgebrauch wird damit, besonders in den türkischen Regierungsbezirken des Osmanischen Reichs, ein Staatsbe-
amter bezeichnet (*vâlî* = Präfekt). Daraus wird *wilâya* (Regierung,
weltliche Macht) abgeleitet.

Die Wurzel *w-l-y* hat die Bedeutung „nächste Nähe", „Angren-
zung", was den Sufismus zu einer ganzen Reihe von Betrachtungen
über die Nähe *(qurb)* des Mystikers zu Gott führte: „Der Freund
sehnt sich danach, dem göttlichen Freund zu begegnen." Hier liegt
der Ursprung der Begegnungstheorie *(liqâ)*. Zu verwirklichen ist er
durch den *dhikr*, eine Praxis der Sufis, die darauf beruht, sich Gott
und seine Namen „ins Gedächtnis zu rufen", wodurch der Mystiker
schließlich zu einem intensiven Fühlen der Nähe des Freundes gelangt. Der Ausdruck ist somit gleichbedeutend mit einem „vorbildlichen Gläubigen", für die Schiiten jedoch mit dem „Führer, Leiter,
Seelenführer". Nach al-Ghazzâlî ist der *wâlî* „der Bevorzugte", der
mit besonderem Wissen Versehene, ein Vorbild für das praktische
Verhalten. Er ist dies in einem höheren Grad als der Weise oder Ge-

lehrte, da er sein Wissen nicht durch Studium, sondern durch göttliche Inspiration erlangte.

Nach Ibn al-'Arabî *(Die Weisheit der Propheten)* wird die göttliche Eigenschaft, die sich aus dem in diesem Namen ausgedrückten Aspekt Gottes ableitet, durch einen Menschen angenommen, der zum Stand der Heiligkeit gelangt ist. Dann, so schreibt Fachr ad-Dîn ar-Râzî (gest. 1210), „wenn der *wâlî* sieht, sieht er die Zeichen Gottes, wenn er hört, hört er die Verse Gottes, wenn er spricht, preist er Gott; wenn er sich bewegt, bewegt er sich im Dienste Gottes (…). Ein solcher Mensch ist *wâlî*, ein Freund Gottes, und Gott ist es für ihn. Gott ist der Freund jener, die glauben. Er läßt sie aus dem Dunkel heraus zum Licht gelangen."

Für die Schiiten ist *walâyat* das geistliche Charisma der zwölf Imame *(a'imma)*, der Führer der Zwölferschia. Diese Überzeugung ist, wie die Prophetenlehre, die prophetische Gnosis und die Imâmlehre als solche vom schiitischen Denken nicht zu trennen. Es gibt daher zahlreiche Texte, die das Gottesbild in seiner Projektion auf diese besondere Führervertretung (eben die *walâyat*) untersuchen. So gelangte man zu der von Nûr ad-Dîn Isfarâyinî vielleicht zum ersten Mal geprägten Meinung, daß „es keine Herrschaft gibt, außer unter der Herrschaft der Religion, und daß es keinen besseren Herrscher oder Sultan gibt als einen *wâlî*: einen geistlichen Führer. Die *walâyat* wird so zu einer Art ,Rang des mystischen Zustands'. Was die Propheten verhüllen, wird von den *awliyâ'* enthüllt. Die Propheten zeigen den Weg, die *awliyâ'* gehen ihn und veranlassen, ihn zu gehen. Wo die Propheten beginnen, beschließen die *awliyâ'*."

'ABD-AL-WÂLÎ. Wer diesen Namen trägt, möge sich selbst und alle, die seiner Obhut anvertraut sind, nach Gottes Geboten, das heißt gütig und gerecht, beherrschen.

78

al-MUTA'ÂLÎ
Der Allerhöchste

Im Koran: XIII,9. Der Name ist gleichbedeutend mit
al-'Alîyyu (Nr. 37) mit einer zusätzlichen Verstärkung im Sinne
von „Verherrlichung", „Triumph".

Die Sufis fassen den Namen auf als „derjenige, der über dem Vergänglichen steht". Das ist ein Hinweis auf eine unausschöpfbare Wirklichkeit Gottes, unausschöpfbar in all den Formen seines Gebens, Spendens, Verherrlichtwerdens: Er ist die Quelle, aus der alles hervorkommt und die nie versiegt. Der Name bezeichnet aber auch „denjenigen, der über allen Widersachern steht, die ihn bekämpfen." Scheich Tosun Bayrak al-Dscherrâhî schreib: „Wenn alle Mächte sich vereinigten, wenn alle Absichten und Heere des Universums sich verbündeten, vermöchten sie ihm ohne seine Einwilligung nichts zu entreißen, nicht einmal ein Senfkorn."

Im Koran (LV, 26–27) heißt es: „Alle, die auf der Erde sind, werden vergehen. Aber dein Herr, der Erhabene und Ehrwürdige, bleibt bestehen." Mehrmals erinnert der Koran an die Vergänglichkeit aller irdischen Ehren, an die großen Zivilisationen, die verfielen und deren Ruinen den Menschen noch vor Augen halten, wie wenig gesichert alle weltliche Größe ist. Alles auf Erden ist vorübergehend und vergänglich. Dennoch müssen wir unser Bestes geben und versuchen, Lösungen zu finden, obwohl uns nur wenige und ungenaue Fakten zur Verfügung stehen und wir wissen, daß jedes gelöste Problem ein neues hervorbringt. Doch haben wir schließlich die Möglichkeit, uns zu entscheiden: Ob wir an Gott und sein Wort glauben wollen, das uns den Weg der Ausgeglichenheit, Verantwortung und Geradlinigkeit weist, oder an uns selbst, die Welt, die Freuden, die Vergnügungen, den vergänglichen Wert irdischen Tands und weltlicher Schätze, die wir oft zu Götzen erheben und anbeten.

„Seit Äonen steht der Mond am Himmel;
seit Äonen umrundet er die Erde.
Doch hier entstehen Mächte,
denen kein morgen beschieden ist:
einzig ihre Mittelmäßigkeit
ist ewig und hat kein Ende.
O traurige Welt der Gefahren,
nichts Edles wird vom Mond beschattet."

Der Koran (XLIX, 13) sagt ganz deutlich, worin der größte Ruhm des Menschen liegt: „Ihr Menschen! Wir haben euch geschaffen von einem männlichen und einem weiblichen Wesen, und wir haben euch zu Verbänden und Stämmen gemacht, damit ihr euch untereinander kennt. Als der Vornehmste gilt bei Gott derjenige von euch, der am frömmsten ist. Gott weiß Bescheid und ist wohl unterrichtet." Und weiter heißt es im Koran (XX, 114): „Und sag: Herr! Laß mich an Wissen zunehmen!". Daraus ersieht man die vorrangige Bedeutung von Wissen und Erkenntnis innerhalb der irdischen Werte.

Zum Abschluß seien noch zwei Hadithe zitiert: „Wer den Weg der Weisheitssuche geht, dem ebnet Gott den Weg ins Paradies." Und weiter sagt der Prophet: „Diese Welt ist vergänglich und mit ihr alles, was sich auf ihr befindet. Nur das Gedenken Gottes **al-Muta'âlî**, und all dessen, was von ihm kommt, durch den Weisen, durch den, der geforscht hat, ist es nicht."

'ABD-AL-MUTA'ÂLÎ. Dieser Namensträger soll Gottes Ruhm und Größe vor allem durch Studium und Verständnis des Korans erkennen. Er soll sich zumindest in ein Wissensfach vertiefen und seine Kenntnisse denen, die nicht lernen können, großzügig mitteilen.

79

al-BARRU
Der Gütige

Im Koran sinngemäß aus LXXX, 16.

Dieser Name ist zu verstehen als „derjenige, der im Herzen der Menschen die *pietas* (Frömmigkeit) bewirkt." Dies wird abgeleitet aus *birr* (wohlwollend sein) im Unterschied zu *hanân, schafaqat* (Frömmigkeit) und *rahmat* (Mitleid, Erbarmen). Die von den Sufis entwickelte menschliche *pietas* hingegen heißt *taqwâ*. Dieser Name steht also in seiner Bedeutung **al-Latîfu** (der Freundliche, Nr. 31) und **al-Rahmânu, al-Rahîmu** (der Barmherzige, der Gnädige, Nr. 2 und 3) nahe.

Im Matthäusevangelium (Mt 19, 16–17) lesen wir: „Es kam ein Mann zu Jesus und fragte: Meister, was muß ich Gutes tun, um das ewige Leben zu gewinnen? Er antwortete: Was fragst du mich nach dem Guten? Nur einer ist der Gute." Bei Markus (10,18) wird die Episode ebenfalls aufgegriffen: „Jesus antwortete: Warum nennst du mich gut? Niemand ist gut außer Gott, dem Einen." Ähnliches steht bei Lukas (18, 19). Auch in den Psalmen (143,10) heißt es: „Lehre mich, deinen Willen zu tun, denn du bist mein Gott. Dein guter Geist leite mich auf ebenem Pfad." Und bei Dante finden wir: „Zwar schrecklich waren alle meine Sünden, aber mit weiten Armen nimmt die Gnade, die unerschöpfliche, den Reuigen auf."

Seit dem Christentum ist Gottes Güte so sehr mit dem Gottesbegriff verbunden, daß jede Hinzufügung überflüssig ist. Dennoch
macht es nachdenklich, wenn man sieht, wie sehr gerade diese
Eigenschaft vielen, die sich für fromme Gläubige halten, abgeht.
Auch ein einfaches Lächeln ist ein Akt der Güte, und es kostet
nichts. Der Prophet Mohammed in einem Hadith sagte: „Es obliegt
dem Menschen, an jedem Tag, an dem die Sonne aufgeht, bei allen
seinen Äußerungen etwas Gutes zu tun. Wenn du zwischen zwei
Menschen einen gerechten Frieden stiftest, dann ist das eine gute
Handlung. Wenn du einem Fremden hilfst, aufs Pferd zu steigen
oder seine Last aufzubinden, dann ist das eine gute Tat. Ein freundliches Wort ist ein ebensolcher guter Akt wie jeder Schritt, den du
tust, um beten zu gehen, oder wie das Hinwegräumen eines Hinder-
nisses vom Wege." Es ist auch eine gute Tat, wenn man Menschen
die Vorteile, die sie erlangen, nicht neidet.

'ABD-AL-BARR. Das Gute kann von materieller oder geistiger
Art sein. In einem Menschen dieses Namens sollte beides ausgewo-
gen vorhanden sein, damit er auch beides in seinen guten Taten zum
Ausdruck bringen kann.

80

al-TAWWÂBU

Derjenige, der sich dem reuigen Sünder zuwendet

Im Koran: II,128; II,160; IX,104; XLII,25.

Die Wurzel *t-w-b* bedeutet Reue und Umkehr. Der Name steht also mit **al-Ghafûru** (der Nachsichtige, Nr. 35) in Zusammenhang: Gott ist derjenige, der sich unablässig dem reuigen Sünder wieder zuwendet. *Tâba 'alâ* sagt man von Gott, das heißt, er ist der, der die Buße annimmt. Der bußfertige Sünder heißt *tâba 'ilâ 'Allâh*. Bei al-Tabarî lesen wir: „Gott wendet sich aus seiner eigenen Güte und großen Gnade seinen Dienern zu, wenn sich diese reuig an ihn wenden."

Für die *'ulamâ* ist die Reue bei Übertretungen nicht weltlicher Gesetze dann gültig, wenn derjenige, der sie begangen hat, sie erstens nicht wieder begeht, wenn er zweitens Gewissensbisse hat und wenn er drittens den festen Vorsatz faßt, diese Verfehlungen nicht zu wiederholen. Wurde auch das Gesetz verletzt, dann muß er noch zusätzlich Wiedergutmachung leisten. Im Koran wird mehrmals gesagt: „Bittet euren Herrn um Vergebung und wendet euch hierauf wieder ihm zu! Mein Herr ist barmherzig und liebreich" (XI,90). „Und wendet euch allesamt reumütig wieder Gott zu, ihr Gläubigen! Vielleicht wird es euch wohl ergehen" (XXIV, 31). „Ihr Gläubigen! Wendet euch in aufrichtiger Buße wieder Gott zu!

Vielleicht wird euer Herr euch eure schlechten Taten tilgen"
(LXVI, 8).

Auch der Prophet Mohammed sagte: „Ich bitte Gott mehr als
siebzigmal am Tag um Verzeihung und kehre mehr als siebzigmal
reumütig zu ihm zurück." Jesus verdeutlichte Gottes Güte durch
das Gleichnis vom guten Hirten, und Mohammed sagte: „Gott freut
sich über die Reue seines Knechts, der zu ihm zurückkehrt, mehr,
als sich ein Mann freut, dem in der Wüste die Kamelstute mit allen
Vorräten auf dem Rücken davongelaufen ist und zu dem sie dann –
wenn er verzweifelt zu einem Gebüsch geht, sich in dessen Schatten
legt und denkt, er werde sein Kamel nie mehr wieder zurückbekom-
men – zurückkehrt, so daß er sie beim Halfter nehmen kann."

Es ist eine erwiesene Tatsache, daß der Mensch in Augenblicken
der Schwäche und der Mutlosigkeit bereut und in Momenten der
Zerstreuung und des Leichtsinns wieder rückfällig wird. Darin
gleicht er einem wuchernden Unkraut, das man schneidet, aber
nicht mit der Wurzel ausreißt und das wieder hervorkommt. Die beste Reue ist das Streben nach innerer Reinheit. Diese wird dem
Menschen erleichtert, wenn auch er Beleidigungen, die ihm durch
Mitmenschen widerfahren sind, vergeben kann. Einerseits ist es
wichtig, nie an Gottes Barmherzigkeit zu zweifeln, andererseits darf
man sein Erbarmen auch nicht ausnützen.

'ABD-AL-TAWWÂB. Durch diesen Namen wird man ange-
spornt, die eitlen Begierden und Illusionen dieser Welt aufzugeben,
um unentwegt zur einen, einzigen Wahrheit zurückzugelangen. Die
richtige Bewertung der Handlungen soll den Menschen veranlassen,
fremden Leichtsinn zu verzeihen und für eigenen um Vergebung zu
bitten.

81

al-MUNTAQIMU
Der Rächer

Im Koran: III,4; XXX,47; XLIII,41. Abgeleitet aus der Wurzel *t-q-m*.

Dieser Name wird von den meisten Theologen als „derjenige, der den bestraft, der ihm nicht gehorcht" aufgefaßt. Es ist dabei zu bedenken, daß die Belohnung *(dschazâ)* für die islamische Theologie eine Gunst *(fadl)* und die göttliche Rache *(intiqâm)* Gerechtigkeit darstellt. So sagt der Koran (XXX,47): „Wir haben doch schon vor dir Gesandte an ihr Volk geschickt. Und sie kamen mit den klaren Beweisen zu ihnen. Da rächten wir uns an denen, die sich versündigten. Es war eine Verpflichtung für uns, den Gläubigen zu helfen."

Es geht hier um jene Menschen, die, obgleich mit „Beweisen" aufmerksam gemacht, immer wieder durch bewußt böswillige Entscheidung schuldhaft handeln. Sie sind durch ihr Verhalten ein gefährliches Beispiel für alle, die untadelig leben und im fest Glauben stehen. Da Gott auch die Güte und das Erbarmen ist und allen verzeiht, die reumütig zu ihm umkehren, ist die Schuld jener etwas Endgültiges und äußerst Gewaltsames. Erst dann erweist sich Gott als der „Gott der Rache", wie er im Alten Testament (Dtn 32,35) gepriesen und angerufen wird: „(…)bis zum Tag der Strafe und Vergeltung, / bis zu der Zeit, da ihr Fuß wanken wird. / Doch der Tag ihres Verderbens ist nah, / und ihr Verhängnis kommt schnell."

Die Geschichte hat uns gezeigt, daß Tyrannen, Gesetzesbrecher und moralisch heruntergekommene Völker, die – obwohl sie Zeit gehabt hätten – nicht umkehren, bereuen und gutmachen wollten, zuletzt unweigerlich zu Fall kamen. Wie sonst könnten Tyrannen und verdorbenen Völker bestraft werden, sie, die das Blut der Gerechten vergießen, die Freiheit anderer mit Füßen treten, Völker ausrotten und Mütter um ihre erschlagenen Söhne weinen lassen? Das einfache Volk ruft auf diese „Feinde der Menschheit" lieber Gottes Rache herab als seine Gerechtigkeit. Wir alle aber müssen bedenken, daß der größte Feind des Menschen der Egoismus ist, denn er bringt alles Böse hervor.

'ABD-AL-MUNTAQIM. Wer diesen Namen trägt, soll bei der Verkündung der Rede Gottes auf die menschliche Bosheit hinweisen, den Unterdrückten Trost und Hilfe spenden und den Tyrannen und Gesetzesbrechern Gottes Wort entgegenhalten.

82

al-'AFÛU
Der Vergebende

Im Sinne von „derjenige, der bereit ist, zu verzeihen",
„der Lossprechende". Im Koran: IV,110.

Im Koran (IV, 110) heißt es: „Und wenn einer Böses tut oder gegen
sich selber frevelt und hierauf Gott um Vergebung bittet, wird er finden, daß Gott barmherzig ist und bereit zu vergeben." Dieser Name
mildert die Entschiedenheit des vorigen und ist fast gleichbedeutend mit **al-Ghafûru** (der Nachsichtige, Nr. 35), jedoch in etwas
verstärktem Sinn: Mit dem ersten Namen übt Gott Nachsicht gegen
die Verfehlungen der Menschen, mit dem zweiten tilgt er die Schuld
ganz. Im Koran (LVII,21) steht dazu: „Das ist eine Huld Gottes. Er
gibt sie, wem er will. Gott ist voller Huld."

Diese Anschauung ist allgemein anerkannt. Sadr al-Dîn Qûnawî
z.B. verwies auf den Unterschied zwischen der *maghfira*, welche die
Umwandlung böser Taten in gute zur Folge hat, wie es im Koran
(XXV,70) heißt, und dem *'afw*, der die „Auslöschung" der bösen
Handlung bewirkt.

Es ist nach Tosun Bayrak wie bei der Einladung eines edlen und
feinfühligen Mannes, der sagt: „Die Türen sind offen, die Tische ge-
deckt; kommt herein und nehmt Platz", und der die Gäste empfängt, ohne den Ferngebliebenen einen Vorwurf zu machen.

Vergeben und Auslöschen von Sünden ist Teil eines allgemeinen göttlichen Plans und hängt mit seiner Gerechtigkeit und der harmonischen Ordnung, die ihm eigen sind, zusammen. Alle jene Kräfte, deren Ursachen, Zuordnungen und Bedeutungen uns entgehen, und die das All betreffen, finden dadurch wieder zu ihrem Gleichgewicht zurück. Nur Gott erfaßt ihre universale Gesamtheit. „Wer diese Gnadengabe erkennt, erkennt den, der sie erweist, und damit bekennt er seine Oberherrschaft", schrieb Abû Sa' id al-Charrâz (gest. 899).

'ABD-AL-'AFW. Dieser Name soll Ansporn sein, Gott nicht aus Angst vor seiner Strafe zu lieben, sondern in der Furcht, seine Huld zu verlieren. Da wir Gutes wie Übles, das uns von Gott kommt, als großmütiges Geschenk, als gerechte Strafe oder als Prüfung anzunehmen haben, soll auch dieser Namensträger verzeihen, wenn man ihm Böses zufügt, und dankbar sein, wenn man ihm Gutes tut.

83

al-RA'ÛFU
Der Mitleidige

Im Koran: II,207; III,30.

Nach al-Ghazzâlî ist die Bedeutung ähnlich wie **al-Rahmânu** (der Barmherzige, Nr.2); für viele andere Theologen wie **al-Ghafûru** (der Nachsichtige, Nr.35).

Al-Nawâwî überliefert folgenden Hadith: „Gott, der Allerhöchste, hat hundert Teile Barmherzigkeit; aber nur je einen davon hat er unter den Geistern, Menschen, Tieren und Reptilien verteilt. Daraus entstand die gegenseitige Anziehung von Gleichem mit Gleichem und das gegenseitige Mitleid. Dank dessen wendet sich das Raubtier liebevoll seinem Jungen zu." Doch gibt es leider nicht wenige Menschen, die für ihre eigenen Kinder keine positiven Empfindungen aufbringen. Das ist bei Gott noch nie geschehen, und es wird weder jetzt noch in Zukunft geschehen. Seine Geschöpfe können sich immer wieder seiner Nachsicht anvertrauen, obwohl er weder seiner Schöpfung, geschweige denn eines ihrer winzigen Teile bedarf. Das vollkommene Gleichgewicht zwischen Gerechtigkeit, Strafe und Nachsicht besteht nur bei Gott, dem Barmherzigen, dem Erbarmer.

Den Tieren wurde kein Bewußtsein gegeben. Sie sind von einem echten freien Willen daher weit entfernt, denn ihnen kommt keine

Entscheidung zwischen Gut und Böse zu. Sie wissen aber aus ihrem Instinkt heraus, wie weit sie sich vorwagen und wie sie sich bewegen sollen, sie kennen ihre Schranken und wissen, wie sie ihre Jungen aufzuziehen haben. Darin liegt eine Spur der göttlichen Ordnung, aber auch seiner Milde gegenüber allen Geschöpfen. Man betrachte nur die Koranstelle: „Ich habe alles für euch geschaffen."

Die Fähigkeit, die wirkliche Bedeutung unserer Anlagen zu erkennen und zu nutzen, ist eine echte Gunst Gottes. Die Erkenntnis unserer eigenen Grenzen läßt uns auch die Fehler anderer nachsichtig beurteilen, obwohl wir wissen, daß wir Gott darin niemals gleichen werden.

'ABD-AL-RA'ÛF. Dieser Name soll an die Wohltaten Gottes und besonders an seine Milde erinnern. Dementsprechend soll sich sein Träger verhalten und bedenken, daß Züchtigung und Strafe Gunstbeweise sind, weil sie die Schuld tilgen. Das mag auch Sträflingen ein Trost sein, die ihre Verurteilung und Strafe abgebüßt haben.

84

MÂLIKU al-MULKI
Der König des Königreichs

Alternativen: Der Inhaber der Königswürde; Der Besitzer seines Reichs. Variante: **al-Maliku** (Nr.4). Im Koran: III,26; XXXVI,83.

Nach al-Ghazzâlî „verfügt Gott absolut unabhängig über die gesamte Schöpfung und über jedes Geschöpf." Die Schöpfung ist ein einheitliches Gebilde mit einzelnen Teilen, die voneinander unterschieden, aber nicht unabhängig sind, so wie Hände, Füße, Herz, Nägel und Haare eines Menschen voneinander unterschieden, aber alle von einem Ganzen abhängig sind. Die Gesamtheit aller Elemente, die einen Menschen bilden, findet sich auch im Universum, wie auch alle Elemente des Universums in einem Einzelmenschen vorhanden sind. In uns liegt auch die Spur Gottes, unseres Schöpfers. Gott organisiert, verwaltet, koordiniert das Universum, das der Mensch weder völlig erkennen, noch in seinen Grenzen und Inhalten ganz erfassen kann. Im übrigen hat dieser Name auch eine politische Bedeutung, denn nur Gott ist der Herrscher und Herr jedes Menschen (vgl. auch **al-Maliku**, Nr. 4).

Das „Reich" Gottes war das Thema vieler philosophischer Betrachtungen. Aus der Wurzel *m-l-k* erhält man *mulk* und *malakût*. *Mulk*, das Reich, bezeichnet die sichtbare Welt, die Varianten *malakût* und *ghayb* die begreifbare Welt. In diesem Sinn kommen sie im

Koran vor. Die Natur der göttlichen Essenz umfaßt die Göttlichkeit *(al-Lâhût)*, die göttliche Macht *(al-Dschabarût)*, die Herrschaft über Geister und Engel *(al-Malakût)* und die Herrschaft über die sichtbare Welt *(al-Nâsût)*. Diese Begriffe wurden von den Sufis in ihren mystischen Spekulationen immer wieder verwendet. Sie unterschieden das Universum hierarchisch in *mulk*, *malakût*, *dschabarût* und *lâhût*: sichtbare Welt, unsichtbare Welt oder Seelen-, Himmelswelt, unsichtbare Welt des Verborgenen oder der Macht Gottes und übersinnliche Welt göttlicher Beschaffenheit oder Natur.

Al-Ghazzâlî schrieb darüber: „Wenn sich dir die Tür zum Verständnis der Beziehung zwischen *mulk* und *malakût* auftäte, so eröffnete sich dir damit ein ungeheures Tor zur Erkenntnis der Beziehung, die zwischen der Welt des „Reichs des sinnlich Wahrnehmbaren" einerseits, und der Welt des „Reichs des Verborgenen" anderseits besteht."

Dschabarût ist die „Oberherrschaft oder „Macht" Gottes, weshalb er an beiden Welten teilhat. Auf *lâhût*, das göttliche Element, als den Angelpunkt des iranischen Imâmats, weist vor allem Sihâboddîn Yahyâ Suhrawardî (1155–1191) hin (vgl. **al-Raschîdu**, Nr.98). Weiter lesen wir in seinem *Risâlat al-Abrâdsch*: „Seht hier die Einstrahlung der Sonne des *lâhût*, wie sie über der Terrasse des Seins aufgeht, das kein eigenes Sein hat. Wie lange noch werdet ihr in den dunklen Schlupfwinkeln eurer stofflichen Körper verweilen? Wie lange noch werdet ihr im Dienst leiblicher Tempel bleiben, als betetet ihr Götzen an? Glücklich der Mensch, der dem Elend des eigenen Leibes entkommen, in den Tempel des Glaubens eingetreten und der Finsternis der Blindheit und Verzweiflung entronnen ist. Es liegt an euch, an der Schwelle zu verweilen und an seiner Nähe teilzuhaben. Denn es verliert ihn nicht, wer ihn sucht, und es verzweifelt nicht, wer Gott zum Ziel hat."

Die vier Begriffe erhalten also bei den einzelnen Mystikern verschiedene bzw. austauschbare Bedeutungen. Ebenfalls bei den iranischen Mystikern, wie z.B. Nûr al-Dîn Isfarâyinî (1242 – ca. 1317), können sie ihrerseits sechs verschiedene Inhalte haben: die menschliche exoterische Welt; die menschliche esoterische Welt; die übernatürliche exoterische Welt; die übernatürliche esoterische Welt; die esoterische Welt „innerhalb der beiden Bögen" und die esoterische Welt der „nächsten Nähe". Diesen Welten entsprechen verschiedene Stufen der mystischen Vervollkommnung und somit Zugehörigkeit: Jene, die sich verschanzen; jene, die sich dem Tadel aussetzen; jene, die die göttliche Gnade erlangen; jene, die zur Enthüllung gelangen; jene, die zur nächsten Nähe kommen; jene, die das Ziel erreichen. Es gibt auch ein „jenseits der Formen liegendes Reich" *(qawwatun malakûtiya)*.

'ABDMALIK-AL-MULK. Ein Mensch dieses Namens soll Gottes Oberherrschaft stellvertretend bezeugen, folglich muß er sich selbst beherrschen können, denn das ist die schwierigste Leistung. Er weiß auch, daß nur Gott der Herr und Herrscher jedes Menschen ist.

85

DHÛ al-DSCHALÂLI WA al-IKRÂM
Der Inhaber der Majestät und Großmut

Alternative: Der anbetungswürdige Erhabene: Im Koran kommt
Gottes Ruhm überall zum Ausdruck,
z.B. in Vers LXII,1: „Gott preist, was im Himmel und auf der Erde ist,
den hochheiligen König, den Mächtigen und Weisen."

Dhû bedeutet „derjenige, der innehat, der besitzt". *Dhû al-Qarnaîn*
bedeutet „der die Hörner hat" (wie z.B. Mose, oder im Koran Alexander der Große, weil er in Ägypten „Sohn des Jupiter Ammon",
einer als Widder dargestellten Gottheit, genannt wurde) oder auch
„derjenige, der ein Talent, eine Eigenschaft, eine Fähigkeit hat".

Al-Ydschî und al-Amidî bringen die Bedeutung dieses zusam-
mengesetzten Namens in Verbindung mit **al-Dschalîlu** (der Majestätische, Nr. 42).

Es ist offensichtlich, daß es keine Vollkommenheit gibt, die ihm
nicht zukommt und daß er über jedes Lob und jede Verherrlichung
erhaben ist. Es ist aber ein Bedürfnis des Menschen, Gott zu preisen, ein innerer Drang, der die Meister der Sufik durchgeistigte
mystische Abhandlungen schreiben ließ. Möglicherweie ist das der
Grund, weshalb viele Sufis diesen Namen für den allerschönsten
halten. Doch letztlich wird sein Ruhm von der ganzen Schöpfung
verkündet.

Die Dichter halten das Sprechen über Gott, wenn es aus inspiriertem Herzen kommt, für einen Lobpreis Gottes. So schrieb Muhî al-Dîn Ibn al-'Arabî (1165–1240): „Er rühmt mich, und ich rühme ihn; Er dient mir und ich diene ihm; / Mit meiner Existenz bekenne ich ihn; / folgte ich meinem eigenen Entschluß, so würde ich ihn leugnen; / Er kennt mich, auch wenn ich ihn leugne, / dann erkenne ich ihn wieder und schaue ihn. / Wo also ist seine Unabhängigkeit, da ich ihn rühme, ich ihm helfe? / Auch wenn er sich mir kundtut, / bin ich es, der ihm sein Wissen bezeugt, / und das ist die Lehre der göttlichen Botschaft für euch; / und in mir vollzieht sich sein Wille." Und Hosein Mansûr al-Hallâdsch schrieb: „Du füllst mein Herz ganz aus: nur du hast darin Platz. / Zwischen Haut und Knochen hält mein Geist dich fest. / Müßte ich dich verlieren, sag, was sollte ich tun? Sobald ich dir meine Liebe verberge, / spricht sie mein Unbewußtes aus, mit all den verborgenen Tränen."

'ABD-DHÛ-L-DSCHALÂLI WA-L-IKRÂM. Dieser Name ist selten. Er soll seinem Träger die Erkenntnis schenken, daß Gott allein gibt und nimmt und sein Herr ist. Nichts sollte ihn abhalten, Gott allein zu preisen, indem er sich nur vor ihm beugt und nur ihm allein nachfolgt.

86

al-MUQSITU
Der Gerechte

Im Koran: XLIX,9.

In der Kindheit gibt es eine Phase starken Gerechtigkeitsgefühls. Später wird der Mensch durch Konventionen, Erziehung und Anpassung beeinflußt und mehr oder weniger von seinem angeborenen Gerechtigkeits- und Rechtsempfinden abgelenkt. Viele suchen im Leben das Beste und finden es nie, weil alles immer noch besser sein könnte. Ausgeglichenheit hingegen kann man erlangen, denn sie besteht nur aus einem Schwerpunkt, der sich allerdings durch ständige äußere Störungen stets verändern kann.

Schon immer war die Suche nach Recht und Gerechtigkeit die Sehnsucht „der Menschen guten Willens". In dieser gefährdeten Welt wird das Unrecht oft erdrückend, und allzuviele Menschen sehnen sich dann nach Gerechtigkeit. Aber nur Gott ist gerecht, nur er ist die Quelle für alle, die nach dem Recht dürsten. Nur von ihm können wir Gerechtigkeit erwarten, denn nur er kennt alle Umstände und alle Nöte, während wir niemals vollkommen Bescheid wissen.

Al-Dschurdschânî weist uns darauf hin, daß die Wurzel von *muqsit (q-s-t)* je nach ihrer Anwendungsform sowohl Gerechtigkeit als auch Ungerechtigkeit bedeuten kann. Gott wird am Tag des

Jüngsten Gerichts gerecht sein, mahnt al-Ghazzâlî, aber dieser Name flößt den Menschen eher den Respekt vor Recht und Billigkeit ein, auf die der Koran immer wieder hindeutet.

'ABD-AL-MUQSIT. Dieser Name soll ein Ansporn sein, Recht und Gerechtigkeit zu achten. Er gebührt einem Menschen, der ein richtiges Maßempfinden hat, der für seine ungerecht behandelten Mitmenschen Gerechtigkeit einfordert, der Schutzbedürftigen hilft, der ausgeglichen handelt und andere motiviert, seinem Beispiel zu folgen.

87

al-DSCHÂMI'U
Der Versammelnde

Alternative: Der Wiedervereiner. Im Koran: XXXIV,26; XLII,29; LXXV,9.

Bei al-Ghazzâlî ist Gott derjenige, der die Menschen je nach ihren Ähnlichkeiten, Unterschieden oder Gegensätzen versammelt. Nach al-Ydschî und al-Dschurdschânî wird Gott am Tag des allgemeinen Gerichts die Gegner vereinen. *Al-Dscham'îyat al-Ilâhiya* ist die göttliche Synthese und auch die göttliche Einheit, dank derer jedes Wesen am Göttlichen teilhat, aus ihm die Substanz entnimmt und wieder zu ihm zurückkehrt. Dieser Aspekt der „Versammlung" der göttlichen Eigenschaften *(al-Dschanâb al-Ilâhi)* steht neben dem der Wahrheit *(haqîqat al-Haqâiq)*. Daraus folgt, daß die wirkliche „Versammlung", die wahre *Dschâmi'yya*, alle Schlupfwinkel *(qawâbil)* der Welt erfaßt und zum „Logos" führt.

Der Koran (XXXIV,26) sagt: „Unser Herr wird uns versammeln. Hierauf wird er zwischen uns nach der Wahrheit entscheiden. Er ist es, der entscheidet und Bescheid weiß."

Wir haben also zwei Bedeutungsebenen: die reale eines Vorgangs, den wir am Tag des Jüngsten Gerichts erwarten, und die metaphysische, die Gott in allen Bereichen als die Verbindung des Ganzen sieht, indem das Ganze von ihm geschaffen, sein Abbild, aber nicht er selbst ist.

Nach einer anderen Erklärung yajurvedischen Charakters ist das All aus den vier in der Natur wahrnehmbaren Korrespondenzen zusammengesetzt (aktiv: warm, kalt, feucht, trocken; passiv: Feuer, Wasser, Luft, Erde; ihnen entsprechen die Farben Rot, Gelb, Blau, Grün). Aus den drei Grundfarben Blau, Rot und Gelb setzen sich alle Farben zusammen, aus den drei Nicht-Farben Schwarz, Weiß, Grau alle entsprechenden Tönungen. Die Kombinationen der sieben Farben des Regenbogens kennzeichnen manche spirituellen Übungen. Auch in der iranischen Eschatologie haben Farben eine große Bedeutung. Doch geht alles von der Vorstellung aus, daß die „Vereinigung" aller Farben zur Erlangung des Lichts führt (vgl. **al-Nûru**, Nr. 93).

Manche Gelehrte deuten diesen Namen auch als Hinweis auf Gottes Macht, den Staub zu sammeln, in den sich der menschliche Leib nach dem Tod verwandelt hat; ebenso die Macht, Atome zu vereinigen, um daraus Zellen, und die Zellen, um daraus Körper zu schaffen. Darin liegt auch die Einheit seiner Werke, die allgemeine Harmonie, die das Leben der ganzen Schöpfung lenkt.

'ABD-AL-DSCHÂMI'. Dieser Name soll im Herzen seines Trägers den Wunsch wecken, in seinem Inneren alle sichtbaren Werte mit allen verborgenen Wahrheiten zu vereinigen, damit Einheit zwischen Denken und Handeln entsteht.

88

al-GHANÎYYU
Der Reiche

Alternative: Der auf niemanden Angewiesene. Im Koran:
II,263; II,267; III,97; IV,131; VI,133; X,68; XIV,8; XXII,64; XXVII,40;
XXIX,6; XXXI,12; XXXI,26; XXXV,15; XXXIX,7; XLVII,38;
LVII,24; LX,6; LXIV,6.

Dieser Name enthält die Bedeutung „der Unabhängige", „derjenige, dem nichts fehlt" *(ghanî binafsihi).* In der Tat werden ja alle Möglichkeiten des Irdischen vom Licht der göttlichen Wahrheit durchdrungen, ohne daß seiner Ganzheit dadurch irgendetwas hinzugefügt würde. Man darf den Namen nicht als ein In-sich-selbst-Eingeschlossensein und ebensowenig als eine Ausdehnung aus sich heraus auffassen, sonst wäre das eine Ausgießung, eine substantielle Emanation Gottes. Das höchste Sein hingegen tritt nicht aus sich heraus, da es ja das unendliche Ganze ist. Gemäß dem Koran (II,29 und X, 55–56) gehört alles, was auf Erden, im Himmel und dazwischen ist, Gott und kehrt zu ihm zurück.

Dieser Name bringt die unabhängige Seinsfülle der göttlichen Wirklichkeit zum Ausdruck. Gott beschenkt die Welt, da er in sich selbst reich ist. Die Existenz des Universums fügt seiner Unendlichkeit nichts hinzu. Der Name weist auch auf die Unabhängigkeit aller göttlichen Attribute hin, da Gott von allem unabhängig ist.

Im Koran (XLVII,38) heißt es: „Wer aber geizig ist, ist es zu seinem eigenen Nachteil. Gott ist derjenige, der reich ist. Ihr aber seid die Armen. Wenn ihr euch abwendet, läßt er ein anderes Volk eure Stelle einnehmen. Die werden dann nicht so sein, wie ihr."

Wie kann man angesichts dieser Erkenntnisse überheblich und eingebildet sein? Wie kann man sich auf Kosten der Armen und Notleidenden ohne Maß bereichern? Jeder Mensch benötigt leibliche und geistige Nahrung, aber alles in vernünftigem Rahmen. Gott gibt allen das Nötige, und zur Befriedigung der geistlichen Bedürfnisse entsandte er immer wieder Propheten. Und doch gibt es Menschen und Staaten, die sogar unseren Planeten, in den wir und unsere Nachfahren hineingestellt sind, zerstören. Wollen sie etwa mit Gottes Reichtum wetteifern? Der wahre Reichtum des Menschen liegt im Glauben; das muß man heute mehr denn je begreifen.

'ABD-AL-GHANÎ. Ein Mensch, der so heißt, möge mit dem zufrieden sein, was er hat. Er vertiefe sein Wissen und seinen Glauben an Gott, indem er an den Weisheitsspruch *Omnia mea mecum porto* (Alles, was ich besitze, trage ich bei mir) denkt.

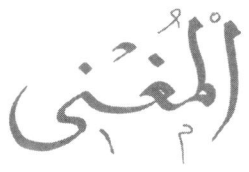

89

al-MUGHNÎ
Der Reichmachende

Andere Bedeutung: Derjenige, der Abhilfe schafft.
Im Koran: XXIV,32; XCIII,8.

Im Koran (XXIV,32) wird der Name als Wirkattribut im materiellen Sinn verstanden: „Wenn sie arm sind, wird Gott sie durch seine Huld reich machen." An den Propheten Mohammed gerichtet heißt es dort (XCIII,6–11): „Hat er dich nicht als Waise gefunden und Aufnahme gewährt, dich auf dem Irrweg gefunden und rechtgeleitet, und dich bedürftig gefunden und reich gemacht? Gegen die Waise sollst du deshalb nicht gewalttätig sein, und den Bettler sollst du nicht anfahren. Aber erzähle von der Gnade deines Herrn!"

Es sei übrigens daran erinnert, daß der Koran (VIII,28) nicht nur die Armut, sondern auch den Reichtum als Prüfung ansieht: „Ihr müßt wissen, daß euer Vermögen und eure Kinder euch eine Versuchung sind, daß es aber bei Gott gewaltigen Lohn gibt."

Der Islam kennt hinsichtlich des Reichtums ganz bestimmte Unterscheidungen. Es gibt den Reichtum *(mâl)* und den Kapitalismus *(rasmâliyya)*. Ersterer ist Fülle, Überfluß an Gütern, entsprechend den Bedürfnissen der Menschen, und ist rechtlich erlaubt. Letzterer ist eine Produktionsweise, die nur dann positiv zu bewerten ist, wenn sie die Arbeitskraft und die Ressourcen nicht ausbeutet.

223

„Ihr Gläubigen! Viele von den Gelehrten und Mönchen bringen die Leute in betrügerischer Weise um ihr Vermögen und halten sie vom Weg Gottes ab. Denjenigen nun, die Gold und Silber horten und es nicht um Gottes willen spenden, verkünde eine schmerzhafte Strafe," heißt es dazu im Koran (IX,34). Der wahre Reichtum kommt von Gott und er teilt davon an die Menschen aus, damit sie sich daran in rechtem Maß erfreuen und den Bedürftigen spenden können, wie Vers (XVII,26–27) sagt: „Und gib dem Verwandten, was ihm zusteht, ebenso dem Armen und dem, der unterwegs ist! Aber sei nicht ausgesprochen verschwenderisch! Diejenigen, die verschwenderisch sind, sind Brüder der Satane."

Im Koran gibt zu diesem Thema eine Vielzahl von Aussagen: Der Reichtum ist eine verderbende Gefahr (XI,16) und Gott warnt davor, ihn zum Alleinzweck zu machen (III,180). Großmut und Gastfreundschaft werden anempfohlen (LXXVI,7–9) und die Geizigen getadelt (IX,34; CIV,1–3). Es wird auch die Geschichte Korahs erzählt, eines Angehörigen des Mose, der diesen aus maßloser Habgier verlachte und dann in die Erde versank (XXVIII,76–82). Sie will jene ermahnen, die Reichtümer anhäufen, ohne an ihre Mitmenschen zu denken.

Im Laufe der Jahrhunderte erarbeiteten die Rechtsgelehrten Theorien und Gesetze zum Schutz des Privatvermögens: „Dieses Denken ist zutiefst muslimisch", sagt Si Hamza Boubakeur, „wenngleich unleugbar vom griechischen und – etwas weniger – vom iranischen Gedankengut beeinflußt. Diese moralischen, juristischen und sozialen Werte erforderten zu ihrer Durchsetzung eine politische Kraft. Diese für das Materielle so effiziente Lehre stützte sich dabei durchwegs auf einen geistigen Standpunkt." So ist das Privateigentum an Grund und Boden derart geschützt, daß es nicht einmal vom Fiskus wegen Säumnis oder Zahlungsunfähigkeit eingezogen oder als Folge von Verjährung verlorengehen kann. Anderseits wird der von *isti'mâr* (Imperialismus) und von *ischtirâkiyya* (kommunistischer Kollektivismus) bestimmte Reichtum verurteilt.

Die Sufis legen ein Armutsgelübde ab *(faqr)*, weil sie die „Nähe Gottes jedem anderen Reichtum vorziehen." So nennen sie sich auch Arme *(fukarâ)*. Aus dem arabischen *(faqîr)* bzw. persischen *(darwîsch)* Begriff für „der Arme" wurde in der deutschen Sprache Fakir und Derwisch. Abû al-Husayn Ahmad Nûrî (gest. 907) schrieb: „Der Charakter des Sufis wird von der Heiterkeit in der Armut gekennzeichnet, und auch wenn der Sufi etwas besitzt, möchte er es lieber anderen geben, die bedürftiger sind als er." Abû Sa'îd al-Charrâz (gest. 899) schrieb: „Warum können die Reichen den Sufis nicht zuhilfekommen? Aus drei Gründen: Was sie haben, ist nicht rein; ihre Vergehen hindern sie daran, den Mitmenschen zu helfen; die Sufis müssen erprobt werden, damit sich in ihnen erfüllt, was Gott will." Und Fârisî, der Gefährte al-Hallâdschs, sagte: „Ein Sufi bittet keinen Reichen um ein Almosen, denn wenn dieser es ihm verweigert, sündigt er, aber es ist eine Sünde, in die er durch einen Sufi hineingedrängt wurde."

Von den großen christlichen Persönlichkeiten bewundern die Sufis am meisten den heiligen Franz von Assisi (1181–1226), der am Hofe Kâmil Muhammads (1218–1238), des Ayyubidenherrschers in Ägypten, mit dem Sufitum in Berührung kam. Über die Armut sagte Franziskus: „Sie ist eine himmlische Tugend, für die man alle irdischen und vergänglichen Dinge mit Füßen tritt; sie löst jedes Hindernis der Seele, damit sich diese mit dem ewigen Gott frei vereinen kann."

'ABD-AL-MUGNÎ. Wer so heißt, möge mit dem zufrieden sein, was er hat. Er soll seinen Nächsten nach Möglichkeit beschenken, und wäre es nur mit einem Lächeln. So kann er für alle Menschen, die unter den Qualen der Begierde und der Habsucht leiden, zum Vorbild werden.

90

al-MÂNI'U

Der Verhinderer

Andere Bedeutungen: Der Beschützer, Der Verteidiger.
Im Koran wird diese Name aus der mehrmals vorkommenden
Wurzel abgeleitet.

Als „Schützer und Verteidiger" entspricht dieser Name **al-Hafîdhu**
(der Bewahrer, Nr. 39), der die Bedeutung des „gewährten Schutzes"
unterstreicht, während **al-Mâni'u** die „Beseitigung der Hindernisse", also deren Verhinderung, meint.

Das führt uns zu einem weiteren Gedanken. Der Koran spricht
immer wieder von den Engeln *(malâ'ika)*, die Gott zum Schutz der
Gläubigen auf die Erde schickt. Wir dürfen also annehmen, daß ein
Teil des Schutzes, der mit diesem Namen zusammenhängt, auf
besonderen Befehl Gottes durch die Mittlerschaft beschützender
„Wesenheiten" erfolgt. Das ist zumindest die Auffassung einer
Gruppe von Theologen, die sich unter dem Einfluß iranischen Ge-
dankenguts auf die Engellehre von Schihâboddîn Yahyâ Suhrawardî
(1155–1191) stützt. Gemäß der eingehenden Untersuchung al-
Ghazzâlîs untergliedern sich die Engel (sie sind aus Licht gemacht,
während Satan kein Engel ist und aus dem Feuer der Leidenschaften, das die Menschen versengt, entstand) in drei Kategorien: Zur
ersten gehören Gabriel (Dschibra'l), Asrael (Azrâ'il), Michael

(Mikâcil) und Isrâfil. Zur zweiten Kategorie gehören die neunzehn Bewacher der Hölle. Der dritten gehört eine unendliche Zahl von Engeln an, die sich um das Geschehen auf Erden kümmern und jedem Menschen zur Seite stehen.

Im allgemeinen jedoch wird dieser Name in einem erweiterten Sinn verstanden, als „derjenige, der von seiner Schöpfung sittliche und körperliche Schäden fernhält". Gott verhindert insbesondere die Erfüllung von Wünschen, die dem Menschen zukünftig schaden würden, denn der Bittsteller kann das im Gegensatz zu Gott, nicht voraussehen. Aus diesem Grund erhalten wir nicht immer das, worum wir bitten, auch dann nicht, wenn unsere Bemühungen, die Umstände und unsere Verdienste bestimmend erscheinen. So wie ein guter Vater sein Kind vor Gefahren schützt, die es in seiner Unerfahrenheit nicht verstehen kann, so beseitigt Gott solche Gefährdungen, die für den einzelnen oder für andere unvorhersehbare Folgen haben könnten. Im Koran (II,216) heißt es: „Aber vielleicht ist euch etwas zuwider, während es gut für euch ist, und vielleicht liebt ihr etwas, während es schlecht für euch ist. Gott weiß Bescheid, ihr aber nicht."

'ABD-AL-MÂNI'. Dieser Name soll in seinem Inhaber den Willen wecken, seine Mitmenschen zu schützen und vor schädlichen Handlungen zu warnen, mögen diese auch noch so verlockend erscheinen. Oft kann Reichtum, Ruhm, Schönheit, ja sogar Freude letzten Endes schädlich sein. Es ist besser, sich Gott anzuvertrauen und die möglichen Folgen der eigenen Handlungen möglichst gut abzuschätzen.

91

al-DÂRRU

Der zu Fürchtende

Alternativen: Derjenige, der heimsucht; Derjenige,
der schaden kann. Auf Grund eines einstimmigen Beschlusses
der *Idschmâ*, des höchsten theologischen Organs des Islams,
wurde dieser Name auf der Grundlage von Vers VI,42 in die Liste
der neunundneunzig Namen aufgenommen.

Der Name kann auch als „Erschaffer des Übels" verstanden werden
und wird dann mit dem folgenden als „Erschaffer des Guten" gelesen.

Die Koranstelle VI,42 – die einzige, in der Gott eine Art bibli-
schen Grolls zeigt – sagt: „Wir haben doch schon vor dir an Ge-
meinschaften geschickt, und wir haben Not und Ungemach über sie
kommen lassen, damit sie sich vielleicht demütigen würden."

Nur aus diesen Worten wurde der Name **al-Dârru** mit seinen Inhalten abgeleitet. Bedenkt man diese furchteinflößende Eigenschaft, die jedoch mit dem folgenden Namen verknüpft ist, dann
wird man einsehen, daß Nahrung zwar heilsam und lebenserhaltend
ist, im Übermaß aber auch Schaden und Krankheiten verursachen
kann. Dasselbe gilt für Medikamente und Gifte. Auch das Heilbringende kann tödlich sein. Gott ist nicht der Schöpfer des Übels,
sondern der sichtbaren Welt, die in ihrer Stofflichkeit Gutes wie

Böses als Möglichkeit enthält: Die Entscheidung liegt beim dem Menschen, der Unterscheidungsfähigkeit besitzt. Keiner, der das Böse wählt, darin verharrt und seinen Mitmenschen schadet, kann glauben, seine Handlungen trügen zur Harmonie des Alls bei und seien gottgefällig. Nur für ihn ist Gott **al-Dârru**.

Wer Böses tut, kann umkehren und wiedergutmachen. Unserer Ungeduld fällt es oft schwer, die Frist zu akzeptieren, die den Frevlern zur Umkehr gewährt wird. Auch das ist eine Prüfung, wie Armut, aber auch Reichtum, wie Leid, aber auch Glück.

Ein bekanntes Gleichnis lautet: Die Bewohner eines kleinen Dorfes wollten, daß ein reicher, böser und egoistischer Mann, der bei ihnen lebte, vertrieben werde. Ein Weiser war aber dagegen, weil er meinte, jener könne eines Tages sein Unrecht einsehen. Darauf entgegneten die Dorfbewohner: „Er gleicht der Quadermauer des Dorfes, die sich geneigt hat, und die wir abbrechen müssen, ehe sie einstürzt." Doch auch diesem widersetzte sich der weise Mann. Zuletzt, da er von allen Seiten bedrängt wurde, sagte er: „Reißt die Mauer heute noch nicht ab, erst in zwei Tagen." In der Nacht tobte ein fürchterlicher Orkan über dem Dorf. Der Sturm war so stark, daß er die Mauer gerade aufrichtete, die nun nicht mehr einsturzgefährdet war.

Uns steht es nicht zu, Gottes Ratschlüsse zu beurteilen. Es liegt vielmehr an uns, seiner Eigenschaft als **al-Dârru** aus dem Weg zu gehen.

'ABD-AL-DÂRR. Wer diesen Namen trägt, der soll die absolute Handlungs- und Urteilsfreiheit Gottes bekennen. Er wird sich also damit zufriedengeben, in sich das Gute vom Bösen zu unterscheiden.

92

al-NÂFI'U
Der Begünstiger

Auf der Grundlage des Koranverses XL,85 wurde dieser
Name durch einstimmigen Beschluß der *Idschmâ* in das Verzeichnis
der neunundneunzig Namen aufgenommen. Er wird mit
dem vorigen Namen rezitiert.

Dieser Gottesname ist im Sinn von „Schöpfer des Guten" zu verstehen. Im Koran (XL,85) lesen wir: „Aber ihr Glaube, als sie unsere Gewalt sahen, nützte ihnen nichts. So ist Gott von jeher bei den Menschen verfahren. Dann hatten diejenigen den Schaden, die ungläubig waren."

Hieraus und aus vielen anderen Versen ähnlichen Inhalts ist zu entnehmen, daß die Einhaltung der göttlichen Vorschriften von Nutzen, die Befolgung der verführerischen Neigungen des Bösen in uns hingegen schädlich ist.

Der Sufi Abû Sa'îd al-Charrâz (gest. 899) sagte: „Der Akt der Gnade liegt darin, den Spender der Huld zuerkennen, und damit wird auch seine Herrschaft bezeugt." Der Verstand, das Bewußtsein, das Gewissen und – als höchstes Geschenk – der Glaube gehören zu den göttlichen Gaben. Sie ermöglichen uns die Trennung des Nützlichen vom Schädlichen, also die Unterscheidung. Dieses Urteilsvermögen ist für das Leben jedes einzelnen wesentlich. Ein unterschiedsloses Verallgemeinern erzeugt oder verlängert, wie der Psychologie wohlbekannt ist, einen Zustand seelischer Orientierungslosigkeit. Ein Unterscheiden von Fall zu Fall hingegen ermöglicht die geeignete Vorgangsweise oder die bestmögliche Lösung eines Problems. Nicht umsonst heißt der Koran auch *al-Furqân*, die Unterscheidung.

'ABD-AL-NÂFI'. Mit diesem Namen soll daran erinnert werden, daß es auf Erden nichts Wichtigeres gibt als die Einhaltung der göttlichen Vorschriften. So erlangt die Seele Heiterkeit und Ruhe, da sie seiner Macht und Kraft, aber auch seiner Huld und den Wohltaten, die er seinen Geschöpfen ständig gewährt, gewiß sein kann.

93

al-NÛRU

Das Licht

Im Koran: XXIV,35; XXIV,40; XXXIX,69.

Der Name wird üblicherweise so aufgefaßt, daß sich Gott einerseits dem Universum und sich selbst sichtbar macht, im Sinne von „Gott ist Licht". Andererseits wird er verstanden als das Sichtbarwerden der von Gott bewirkten Dinge, wenn er sie aus dem Nicht-Sein in das Sein übergehen läßt. Der Lichtvers im Koran (XXIV,35) ist wahrscheinlich der schönste aller Verse: „Gott ist das Licht von Himmel und Erde. Sein Licht ist einer Nische zu vergleichen, mit einer Lampe darin. Die Lampe ist in einem Glas, das ist, wie wenn es ein funkelnder Stern wäre. Sie brennt von einem gesegneten Baum, einem Ölbaum, der weder östlich noch westlich ist, und dessen Öl fast schon hell gibt, ohne daß Feuer darangekommen ist, – Licht über Licht. Gott führt seinem Licht zu, wen er will. Und er prägt den Menschen die Gleichnisse. Gott weiß über alles Bescheid."

Viele türkische und persische Gebetsteppiche *(sedschdschâde)* stellen zur Versinnbildlichung dieses Verses eine Nische mit einer Lampe dar, die sich unter einem Bogen zwischen zwei Säulen befindet. Der Koran heißt in der Interpretation von Sure IV,174 das „funkelnde Licht": „Ihr Menschen! Nunmehr ist von eurem Herrn ein klarer Beweis zu euch gekommen. Und wir haben ein offenkundiges Licht zu euch hinabgesandt."

Die Silbe *n-w-r*, von *nara* (glänzen) bezeichnet ein Licht im bildlichen Sinn, während das wirkliche Licht *daw'*, in einer Variante *diyâ* heißt. Der Begriff „Licht" wurde im Islam von Theologen, Philosophen, Mystikern und Mathematikern so eingehend behandelt, daß daraus beinahe eine selbständige Lehre wurde. Die ursprüngliche Bedeutung des Worts war voller Symbolik rein islamischen Charakters (*kalâm*, Avicenna, Sufik, al-Fârâbî, al-Ghazzâlî, Mu'tazilîten, usw.), enthielt aber auch vorislamische Ideen (Neuplatonismus, Aristoteles, Zoroaster, Plotin, Judentum, Manichäer, usw.).

Das „Licht" ist für den großen Sufimärtyrer Schihâb al-Dîn Yahyâ Suhrawardî (1155–1191) von besonderer Bedeutung. Ebenso für die iranischen esoterischen Mystiker, die sich von ihm ableiteten. Er erarbeitete den Begriff der *soltân nûrî*, der Macht und Herrschaft des Lichts. Diesen Begriff, den es schon früher in der Awesta als „Licht des Ruhmes" (*xvarnah*) gegeben hatte, wurde von Dschalâl al-Dîn Dawwânî (1427–1502) wie folgt kommentiert: „Mit diesem Begriff ist die Art und Weise des Lichts zu verstehen, die durch das *Pneuma (Geist)*, ausgehend von der denkenden Seele, bewirkt wird. Dank dieser Art und Weise erlangt das *Pneuma* die Fähigkeit der Formen, die vom Spender der Formen emanieren." Zwei der Bücher Suhrawardîs befassen sich im besonderen mit diesem Problem: *Die Bücher der Lichttempel (Kitâb Hayâkil al-Nûr)* und *Das Buch der Lichtstrahlen (Partaw-Nâme)*. Er war auch der Vertreter der schiîtischen Prophetenlehre des „Lichtes Mohammeds" *(Nûr Muhammadî)*, der die dieselbe Funktion einnahm wie in der jüdisch-christliche Prophetenlehre der *Verus Propheta* oder *Christus aeternus*.

Im *Buch der Lichttempel* schrieb Suhrawardîs: „Es kommt vor, daß die Seelen, die die *Theosis* erfahren haben, von sakraler Erschütterung ergriffen werden. Dann erhebt sich über sie die Morgenröte des göttlichen Lichts. So wie du feststellen kannst, daß ein weißglühend gewordenes Stück Eisen dem Feuer selbst gleicht, mit dem es in Berührung gekommen ist, und das nun dieselbe Funktion erfüllen kann, wie das Feuer, so wundere dich nicht, daß – sobald über einer Seele das mystische Licht des Ostens aufgeht, weil sie erleuchtet und vom göttlichen Licht weißglühend gemacht wurde – die Geschöpfe diesem Licht ebenso gehorchen, wie sie den heiligen Wesenheiten gehorchen. Unter den Pilgern des mystischen Ostens gibt es einige, deren Antlitze sich dem geheiligten Vater zuwenden, gleichsam als Ankündigung des Besuchs des blitzumzingelten Gastes. In Wahrheit kommt der Führer Gottes zur Gruppe der Erwählten, die die himmlische Speise mit geöffneten Händen empfangen. Wenn sich ihre Augen öffnen, begegnen sie Gott, umhüllt mit dem Mantel der unzugänglichen Herrlichkeit. Sein Name beherrscht den Kreis des Dschabarût, und unter den Strahlen seines Lichts steht ein ganzes Volk in Erwartung."

Alle Religionen verbinden den Licht- mit dem Gottesbegriff. Als Beispiel unter vielen sei die christliche Mystikerin Hildegard von Bingen (1098–1179) genannt: „Das Licht, das ich sehe, ist nicht punkthaft begrenzt, sondern es blendet weit stärker als eine Wolke, die die Sonne umgibt. Ich kann weder seine Höhe, noch seine Länge oder Breite schätzen; ich nenne es ‚Schatten des lebendigen Lichts‘. Und wie sich Sonne, Mond und Sterne im Wasser spiegeln, so spiegeln sich in diesem Licht, indem sie vor meinen Augen Gestalt annehmen, die Heilige Schrift und die Reden, Tugenden und Werke der Menschen."

In der Metaphysik des Lichts ist sein Gegenteil die Finsternis, *barzach*; so auch im Koranvers (XXIII,100). Der Dualismus hingegen stellt dem Licht das Dunkel gegenüber *(dulma)*, wobei damit die Welt des Geistes und die Welt der Materie bezeichnet wird. Für die Metaphysik ist nur das göttliche Licht, der Ursprung alles Existierenden, ein solches, wobei es sich um ein in sich selbst bestehendes Licht handelt. Von ihm geht alles Sein aus, doch „trennt" es sich nicht von seinem substantiellen Selbst, nämlich Gott, für den in Wahrheit jede Substanz illusorisch ist.

Dazu sagt Muhî al-Dîn Ibn al-'Arabî (1165–1240) in *Fusus al-Hikam*: „Der Schatten wird in dem Maße sichtbar, in dem sich das göttliche Sein auf das mögliche Sein projiziert, und die Wahrnehmung des Schattens erfolgt auf Grund des göttlichen Namens **al-Nûru** (…). Gott offenbart sich den Möglichkeiten indem er seinen Schatten wirft, sodaß sie in der Wirklichkeit wie die Schatten Gottes in seinem göttlichen Namen **al-Nûru** erscheinen. Dies verwirklicht sich in der sichtbaren Welt, da es keinen Schatten ohne Licht geben kann. Daher ist alles er, und nichts anderes als er."

Die unbedingte Notwendigkeit des Lichts als Voraussetzung für das Überleben auf Erden (man denke an die Photosynthese) läßt sich mit der ebenso notwendigen spirituellen Voraussetzung vergleichen, die Gott für jedes Wesen darstellt. Der Ausdruck „Licht" wurde von den Mystikern des Islams nicht ausschließlich als „göttliche Emanation" aufgefaßt. Abû Bakr Sirâdsch ad-Dîn schrieb dazu: „Wie das Licht des Vollmonds auf die verschiedenen Gegenstände fällt, die es je nach ihrer Beschaffenheit reflektieren, so stößt die Erkenntnis auf die Fähigkeiten des Geistes. Sie senden, wenn sie die Lehre in richtiger Weise aufgenommen haben, ein Licht des Bewußtseins zurück. Dieses Licht bedeutet, daß eine rein mentale Erkenntnis der empfangenen Lehre gewissermaßen in die „Erkenntis der Gewißheit" eingeflossen ist." So wie sich das Licht verbreitet, so verbreitet sich die Symbolik des Lichts in der ganzen islamischen Literatur. Die hier angeführten kurzen Beispiele mögen genügen, das verständlich zu machen.

'ABD-AL-NÛR. Wer diesen Namen trägt, sollte das wahre Licht, das Leben spendet und das Farben und Schönheit sichtbar macht, in Gott erkennen. Dieses Licht läßt uns aus dem gestaltlosen Dunkel des Nichtunterscheidbaren heraustreten und führt uns zum Verständnis unserer wahren Natur und des letzten Ziels, das jeder von uns hat. Hierauf bezog sich der Ausruf des Propheten Mohammed: „Herr, laß mich ein Licht sein!"

94

al-HÂDÎ
Der Rechtleitende

Im Koran: I,5; VI,84; XXII,54; LXXVI,3; LXXXVII,3.

Allgemein versteht man unter diesem Namen, daß Gott **al-Hadî** jedes Wesen zu seinem letzten Ziel leitet. Im Koran (LXXXVII,1–5) heißt es: „Preise den Namen deines höchsten Herrn, der geschaffen und geformt, und der Maß und Ziel gesetzt und rechtgeleitet hat, der das Weidefutter hat hervorkommen und es zu grauem Plunder hat werden lassen!"

Nach Abû Dscha'far al-Tabarî (gest. 923) und der Theologie seiner Anhängerschaft schafft Gott den rechten Weg *(al-Hudâ)* im Herzen der Menschen. Es handelt sich also um eine „Lenkung" im religiösen Sinn, gemäß den folgenden Koranversen (VI,83–88): „Das ist unser Beweisgrund, den wir dem Abraham gegen seine Leute gaben. Wir verleihen, wem wir wollen, einen höheren Rang. Dein Herr ist weise und weiß Bescheid. Und wir schenkten ihm den Isaak und Jakob. Jeden haben wir rechtgeleitet. Und den Noah haben wir früher rechtgeleitet, und aus seiner Nachkommenschaft den David, Salomo, Hiob, Joseph, Mose und Aaron. So vergelten wir denen, die fromm sind. Und den Zacharias, Johannes, Jesus und Elias – jeder gehört zu den Rechtschaffenen. Und den Ismael, Elisa, Jonas und Lot. Jeden haben wir vor den Menschen in aller Welt aus-

236

gezeichnet. Auch welche von ihren Vätern, ihrer Nachkommenschaft und ihren Brüdern. Und wir haben sie erwählt und auf einen geraden Weg geführt. Das ist die Rechtleitung Gottes. Er leitet damit recht, wen von seinen Dienern er will. Und wenn sie beigesellt hätten, wäre ihnen hinfällig geworden, was sie getan haben."

In Vers XX,50 sagt Mose: „Unser Herr ist der, der einem jeden Ding seine kreatürliche Art gegeben und hierauf rechtgeleitet hat." Die „Leitung" wird also vor allem als der rechte Weg, der Weg des Glaubens, verstanden. Gott hat jedem Menschen die Möglichkeit gegeben, diesen Weg zu gehen. Übrigens kann er nicht in den Irrtum und in die Verneinung der Werte irreleiten – das tut der abtrünnige Mensch aus eigener Entscheidung. So sagt es die „Eröffnung" des Korans, ein für den Islam ganz wesentliches Gebet, das mehr als jede andere Koranstelle zitiert wird: „Im Namen des barmherzigen und gnädigen Gottes. Lob sei Gott, dem Herrn der Menschen in aller Welt, dem Barmherzigen und Gnädigen, der am Tag des Gerichts regiert! Dir dienen wir, und dich bitten wir um Hilfe. Führe uns den geraden Weg, den Weg derer, denen du Gnade erwiesen hast, nicht derer, die dem Zorn verfallen sind und irregehen!"

Aus der Wurzel h-d-y (der von Gott getätigte Akt der Leitung) kommt der Ausdruck *mahdî*, der Rechtgeleitete. Dieser Titel wurde besonders von verschiedenen „Möchtegernheiligen", theologisch-politischen und aufrührerischen Führern angenommen. Bekannt ist vor allem der *mahdî* Muhammad Ahmad Ibn 'Abdallah, ein Politiker und revolutionärer Reformer, der 1881 im ägyptischen Sudan die *Mahdiyya* begründete.

'ABD-AL-HÂDÎ. Wer diesen Namen innehat, muß sich bemühen, den Weg der Wahrheit zu gehen. Er soll Gott um Hilfe bitten, daß er ihn vor Irrtum und Abweichung bewahre.

95

al-BADÎ'U
Der Neuerer, Der Ersinner

Im Sinne von „derjenige, von dem aus alles geschieht".
Im Koran: II,117; VI,101.

Als Eigenschaftswort enthält *badî'* die Vorstellung von „ursprünglich". Aktiv bedeutet es „schöpferisch, fördernd", weshalb es zu einem göttlichen Attribut im Sinne des absoluten Neuerers, des ersten Ersinners, wird. Passiv enthält es die Bedeutung von „erdacht, erfunden" und in diesem Sinn wurde der Name verwendet, um die Neuerungen der abbâsidischen Autoren und Gelehrten, die dem Kreis der „rhetorischen Denkfiguren" nahestanden, zu bezeichnen. *Bâdiha* ist die Spontaneität, das Fehlen des Zauderns; so nennt man auch die Geschwindigkeit, mit der die „Bewußtwerdung" einer Sache vor sich geht.

Für al-Ghazzâlî „bedarf es nur eines Geistes, in den sich einzelne Begriffe einprägen, und einer Denkfähigkeit, die diese einzelnen Begriffe miteinander in Beziehung setzt. Es zeigt sich dann spontan die Begründung dafür, ob etwas zuverlässig oder unzuverlässig ist."

Schließlich verstärkt der Name den Begriff der Macht Gottes, der *ex novo* jede ursprüngliche Form erschafft. Daraus ergibt sich, wie der Koran sagt (CXII,3), die absolute Wirklichkeit der göttlichen Einheit, des nicht Gezeugten *(lam yalid)*, nicht Geschaffenen, nicht Zeugenden *(lam yûlad)*, jedoch Erschaffenden.

'ABD-AL-BADÎ'. Wer so heißt, sollte die absolute Schöpferkraft des Höchsten Gottes anerkennen. Als Wissenschaftler oder Künstler soll er seine besondere Wahrnehmungsfähigkeit nutzen und somit erfinden, entdecken und errichten.

96

al-BÂQÎ

Der Bestandhabende

Im Koran: XX,73; LV,27.

Diese Eigenschaft ist untrennbar mit Gott verbunden. In der Bibel ist das Ewigsein der Begriff der Göttlichkeit selbst, und zum Ausdruck „Gott" wird oft „der Ewige" hinzugefügt: Im Islam geht diese an sich überflüssige Häufung die Schattierungen „der Unveränderliche" oder der „immer Bestehenbleibende" über. Tatsächlich heißt ewig *abad'*, *châlil*, *âdhalî*, *muchlad*, usw.

Im Koran (LV, 26–27) heißt es: „Alle, die auf der Erde sind, werden vergehen. Aber dein Herr, der Erhabene und Ehrwürdige, bleibt bestehen." Es ist anzumerken, daß diese letzte Anrufung – der Ehrwürdige, **al-Ikrâmu** – nicht zu den neunundneunzig Namen gehört.

Nichts außer Gott ist ewig. Jedes andere Sein ist geschaffen, hat also einen Ursprung. Daraus ergibt sich, daß nichts Gott gleicht. In diesem Zusammenhang gibt es eine philosophische Richtung, die auch die Seele für sterblich und folglich vergänglich hält *(hudûth)*, im Gegensatz zu der allgemeinen Auffassung, wonach die Seele ewig *(qidam)* ist. Diese Gleichsetzung von Geist und Seele will nichts anderes, als alles leugnen, was mit Gottes Ewigkeit irgendwie in Konkurrenz treten könnte.

Gott hat mit der Schöpfung eine räumliche, sichtbare Wirklichkeit festgelegt, folglich dem Gesetz der Zeit unterworfen. Und doch gab es vor der Erschaffung der Welt keine Zeit, sondern nur Gott. Die Schöpfung wird ein Ende haben, also auch die Zeit, Gott aber niemals. Daher müssen wir uns entscheiden: Wollen wir leidenschaftlich der vergänglichen Welt anhängen, oder leidenschaftlich dem ewigen Gott. Der Wert unserer irdischen Handlungen wird dennoch auch im ewigen Leben Gültigkeit haben.

'ABD-AL-BÂQÎ. Ein Mensch dieses Namens soll an die Vergänglichkeit der irdischen Dinge denken, gemäß dem Koranwort „Alles auf Erden ist nichts." Seine ernsten Bemühungen soll er daher auf seine eigene innere Entwicklung richten.

97

al-WÂRITHU
Der Erbe

Im Koran: XV,23; XIX,40; XXVIII,58; LVII,10.

Dieser Name besagt, daß Gott nach dem Erlöschen der Schöpfung *(fanâ')* weiterbesteht und, daß alles Geschaffene zu ihm zurückkehrt. „Wir werden die Erde, und die auf ihr sind, erben. Und zu uns werden sie zurückgebracht", heißt es im Koran (XIX,40).

Nach Muhî al-Dîn Ibn al-'Arabî sagt uns Gott „mit seinem Namen **al-Wârithu**, daß er derjenige ist, der aus dem Ursprung schöpft, derjenige, der in einem einzigen Augenblick alle Ränge der Geschöpfe, vom Anfang der Schöpfung bis zu ihrem Ende, betrachtet.“

Dieser Name läßt uns überdies über die Vergänglichkeit der Schöpfung nachdenken, damit wir erkennen, wie notwendig ein ständiges Bemühen um die Einsicht ist, so daß wir am Ende nicht die Leere der sichtbaren, vergänglichen Welt erben, sondern die „Gottesschau", den wahren Reichtum für jede Seele. Wir dürfen uns dabei keine Nachlässigkeit erlauben: Gott ist der Erbe der Zeit, uns gewährt er einen Teil davon. Wir sind, ganz allgemein gesehen, nur die vorübergehenden Hüter dessen, was Gott uns hier auf Erden zur Nutznießung überlassen hat. Angesichts des eigentlichen, letzten Erbes liegt es an uns, die darin enthaltenen Möglichkeiten nicht zu verspielen, denn wir wissen: der Mensch ist Gottes Erbe, so wie Ihm allein zuletzt das Ganze zufällt.

'ABD-AL-WÂRITH. Dieser Name bedeutet, daß Gott uns sein irdisches Reich zum Fruchtgenuß, und nach unserem physischen Tod sein jenseitiges Reich schenkt, und daß wir in allem, auch über unser leibliches Leben hinaus, seine Geschöpfe sind.

98

al-RASCHÎDU
Der Lenker

Variante: **al-Hâdî** (Der Rechtleitende, Nr.94). Im Koran wird der Name aus der Wurzel abgeleitet, die mehrmals vorkommt, z.B. XVIII,10.

Unter diesem Namen versteht man in der aktiven Form, daß Gott uns mit seiner Gnade den rechten Weg auf Erden gehen läßt. In der *Fâtiha*, der Eröffnungssure des Korans, die bei jedem Gebet obligatorisch ist, ruft man: „Führe uns den geraden Weg."

Dieser Name ist auch zu verstehen als „derjenige, der mit Gerechtigkeit und Geradheit lenkt". Schließlich ist er auch als Aufforderung an jeden Menschen aufzufassen, die Kenntnis von Religion und Ethik zu pflegen. Es genügt nicht, nur Muslim zu sein, man muß auch recht handeln, und das erfordert die Vertiefung in die göttlichen Vorschriften. Bei den Sufis, die berufen sind, zu Gott zu „reisen", hat dieser Name eine besondere Bedeutung. In dieser Reise liegt das Ziel ihres Lebens und ihres mystischen Strebens, auch wenn dabei eine irdische Führung notwendig ist.

Ein anderer Name ähnlichen Inhalts, **al-Hâdî**, hat gleichfalls eine doppelte Bedeutung: Unter dem Aspekt *takwînî* hat er einen umfassenden Sinninhalt, der im Inneren der Schöpfung liegt; unter dem Aspekt *taschri'î* bezieht er sich auf jede durch die Propheten vermittelte Offenbarung. Der Name **al-Raschîdu** meint eine subjektive „Führung": Gott nimmt den Mystiker sozusagen an der Hand und hilft ihm bei seinen Entscheidungen, wenn er die richtige Gesinnung hat. Diese Bedeutung ist also eher persönlich-intim.

Für die Sufis ist der eigentliche Führer auf Erden der *Chidr* oder *Chadir*, auch „der Grüne" genannt. Dieser wird in Koran (XVIII, 60–82) für gewöhnlich mit dem Propheten Elija identifiziert, der Mose auf der Suche nach der Quelle des Lebens führte. Der *Chidr* ist unsterblich und erscheint von Zeit zu Zeit den Eingeweihten, um sie auf ihrem geistlichen Weg zu führen. Für die schiîtischen Sufis sind die zwölf verborgenen Imâme die Führer schlechthin. Man erhält ein sehr ausführliches Bild, wenn man die *Abhandlungen über das Imâmat (Risâlat fi al-Imâmat)* von Mollâ Sadrâ Schîrâzî (1571–1640) liest. Eine letzte Vertiefung in die übernatürliche Führung wird für die iranischen Sufis im *Wâridât wa Taqdîsât* von Schihâb al-Dîn Yahyâ Suhrawardî (1155–1191) beschrieben: „Gott reinigt eine Seele, die das höchste Element, das in ihr ist, erkannt hat, und die ihr Bestreben mit Hilfe des Heiligen Engel-Geistes, des barmherzigen Führers zum Allerhöchsten, erneuert. O Heiliger Engel-Geist, niemand ist barmherziger als du. Du leitest uns auf dem Weg zu Gott in seinem ganzheitlichen Sein. Ohne deine Führung würden wir ihn nie erkennen. Hättest du uns nicht befohlen, ihn anzubeten, könnten wir arme Gefangene der materiellen Wirklichkeit niemals an Gott denken und in seinen Dienst treten."

'ABD-AL-RASCHÎD. Dieser Name kommt vor allem einem Seelenführer zu und spornt dazu an, den Weg der mystischen Erkenntnis zu gehen, um dem lenkenden Gott und seinen Propheten immer näherzukommen.

99

al-SABÛRU
Der Geduldige

Im Koran kommt der Begriff mehrmals vor, besonders in
II,153; III,200; X,109; XI,49; XVI,127; CIII,3.

Dieser Name ist im Koran nicht als Name, sondern als Wurzel enthalten. Er wurde von den Theologen einstimmig in das Verzeichnis aufgenommen und mit **al-Halîmu** (der Milde, Nr. 33) in Beziehung gebracht. Die Wurzel *s-b-r* erweckt die Vorstellung von Geduld, tugendhafter Ausdauer, Verharren im Guten, Unterwerfung unter Gottes Willen. Auf Gott angewendet bedeutet der Ausdruck auch: „Langsam im Strafen, um dem Frevler Zeit zur Reue und Buße zu gewähren."

Fast alle Religionen sehen die Geduld als spirituell notwendig an. Konfuzius (551 – 497 v.Chr.) schrieb: „Durchtriebene Worte können die Tugend in Unordnung bringen, und der Mangel an Geduld vermag die größten Werke zugrundezurichten." Für den Islam ist „die Geduld eine heilsame Tugend", wie Si Hamza Boubakeur schreibt. „Sie ist eine Kraft der Seele. Sie widersteht den Fährnissen des Lebens, sie ermöglicht den Sieg über die Hindernisse und bewirkt, daß man trotz der Höhen und Tiefen des Lebens und der Bosheit der Menschen sich selbst stets treu bleibt. Als solche ist sie eine erlesene Form der Weisheit."

So wird die Geduld im Koran als Haupt-, Eigenschafts- oder Zeitwort hunderteinmal zitiert. „Und suchet Hilfe in der Geduld und im Gebet" (II,45). „Aber wenn ihr geduldig und gottesfürchtig seid, ist das eine Art, Entschlossenheit zu zeigen" (III,186). „Ihr Gläubigen! Übt Geduld und bemüht euch, standhaft und fest zu bleiben! Und fürchtet Gott! Vielleicht wird es euch wohl ergehen" (III,200). „Der Mensch kommt bestimmt zu Schaden, ausgenommen diejenigen, die glauben und tun, was recht ist, und die einander ans Herz legen, sich an die Wahrheit zu halten und Geduld zu üben" (CIII,2–3). „Und seid geduldig! Gott ist mit denen, die geduldig sind" (VIII,46).

Viele Muslime lesen außer im Koran auch in den zahlreichen Aussprüchen des Propheten Mohammed über die Geduld.

Die Volksweisheit preist sie in vielen Sprichwörter. So etwa „die Geduld ist der Schlüssel zur Heiterkeit". Auch im Deutschen spricht man von „himmlischer" Geduld und von „Geduld, die Rosen bringt". Dhû al-Nûn al-Misrî (771–861) sagte: „Es gibt drei Kennzeichen der Geduld: bei Schwierigkeiten gelassen bleiben; auf Gott vertrauen, wenn man bei Prüfungen, die man zu ertragen hat, beklommen ist; leben, als sei man reich, sobald die materielle Existenz von Armut betroffen wird." Seiner Ansicht nach ist der am ungläubigsten „der, der eine Entscheidung ungeduldig beschleunigen will."

Bei Abû Bakr Kalâbâdhî (gest. 995) lesen wir: „Die Geduld ist die erhabenste Art, Gott zu dienen. (…) Seid ausdauernd und geduldig in der Befolgung der göttlichen Gebote, und seid ausdauernd und geduldig im Gehorsam gegen seine Vorschriften; denn die Geduld ist rein, und darum reinigt sie alle Dinge."

Der Sufidichter Abû al-Qâsim Samnûn (gest. 915), genannt „der Verliebte", hinterließ uns folgende Verse: „Die vielen Nöte der Zeit schluckte ich hinunter wie Hulderweise; und wenn die Zeit mir den Schlauch reichte, trank ich. Wieviele Ängste tränkten mich mit ihren Bechern, ich aber hielt ihnen das Meer meiner Geduld entgegen. Wider die Wechselfälle des Lebens, die mich umgarnten, zog ich die Rüstung der Geduld an und so sprach ich zu meiner Seele:

‚Gedulde dich, sonst stirbst du.' So ertrug ich Nöte, deren Druck den höchsten Berg zerkrümeln könnte."

Und bei Ibn al-'Arabî heißt es: „Die eine Hälfte des Glaubens besteht aus guten Werken, die andere aus Geduld." Übrigens ist **al-Sabûru** im Verzeichnis der neunundneunzig Namen der letzte. Er bildet den mit Geduld gekrönten Abschluß.

'ABD-AL-SABÛR. Dieser Name soll das innere Gleichgewicht, die Mäßigung, fördern, indem er uns den richtigen Zeitpunkt für das richtige Handeln mit der rechten Kraft erwarten läßt. Der Geduldige kämpft einen täglichen Schattenkampf mit dem Negativen in seinem Inneren. Keine äußeren Umstände können ihn von der Erfüllung seiner Pflicht abhalten.

Zusammenfassung

Außer den neunundneunzig Namen Gottes im Koran gebraucht die muslimische Exegese noch weitere, sogenannte „attributsbeschreibende" Namen, wie **Rabb** (Meister), **Mun'im** (Wohltäter), **Mu'tî** (derjenige, der gewährt), **Sâdiq** (der Aufrichtige, Wahrhafte), **Sattâr** (derjenige, der bewahrt und verhüllt), **Qadîm** (der Vorhergehende), **'Azalî** (der Ewige), **Dâim** (der Dauerhafte), **Qarîb** (derjenige, der zur Seite steht).

Diese und noch andere Namen stehen nicht in den orthodoxen Listen, die über die neunundneunzig Anrufungen hinausgehen. In sunnitischen Volkskreisen wollte man parallel dazu die „göttlichen Namen" des Propheten Mohammed aufzählen, z.B.: „der Reine", „der Einzige", „der Prophet", „der Vollkommene", „der Knecht Gottes", „der Märtyrer", „die Lampe", „der Führer", „der Ruhm der Araber". Eine solche Liste umfaßt zweihunderteins Attributsnamen, deren letzter **Sâhib al-Faradsch**, „Quelle des Trostes", ist.

Die muslimische Exegese befaßte sich jedenfalls überreichlich mit den korangemäßen Namen; allerdings nicht so sehr in eigenen einschlägigen Büchern, als vielmehr in verschiedenen theologischen Traktaten. Meines Wissens wurde noch keiner dieser Texte in westliche Sprachen übersetzt.

Die *'ulamâ* faßten die Namen freilich buchstäblich auf, während die Sufis die Zahl Neunundneunzig plus Eins (die neunundneunzig Namen des Korans und den „Geheimen Namen") als Symbol und die gesamten viertausend Namen als einen Aspekt der menschlichen Begrenzung deuten. 'Abd al-Wahhâb al-Scha'rânî (1493–1565) sagte dazu: „Die Namen Gottes sind endlos, und desgleichen die ‚Spiegel', in denen sich die unendliche göttliche Essenz, die dank ihrer Natur jenseits aller Identifikationsmöglichkeiten liegt, reflektiert." Im übrigen heißt es schon in einer im vierten oder fünften Jahrhundert unter dem Namen des Dionysius Areopagita verbreiteten Schrift: „Es geziemt sich nicht, dem Ursprung aller Dinge, der über allen Dingen steht, irgendwelche Namen zuzusprechen, und man spricht die Namen allen Dingen zu, die sind." Der Sufilehrer Nîmattallah Walî (1331–1431) sagt: „Alle Namen Gottes haben eine einzige Essenz. Daher sind in Wirklichkeit alle Namen Gottes nur einer."

Von dieser absoluten Einzigkeit der Quelle, die durch die Namen ausgedrückt wird, versucht uns die Lehre 'Abd-Allah al-Balabânîs (13. Jahrhundert) im *Traktat über die Einsheit*, das Ibn al-'Arabî zugeschrieben wird, ein Bild zu geben: „Gepriesen sei Gott, der die Einsheit besitzt (**al-Wahdâniyya**), es gibt keine Vorgänger vor ihm, der der Erste ist (**Qablu**). Er besitzt auch die Einheit (**al-Fardâniyya**), weil es außer ihm kein ‚danach' gibt; er, der auch der Darauffolgende ist (**Ba'adu**). Von diesem ‚ihm' gibt es weder ein Zuvor noch ein Danach, weder ein Hoch noch ein Niedrig, weder ein Nah noch ein Fern, weder ein Wie noch ein Warum, weder ein Wo noch ein Wann, weder eine Folge in Zeit und Raum noch irgendetwas Stoffliches (**Kawn**). Er ist, wie er war. Er ist der Einzige, der Bezwinger (**al-Wâhidu, al-Qahhâru**). Er ist die Einzigkeit (**al-Wâhidiyya**). Er ist Einer (**al-Fard**). Er besteht nicht aus Namen oder Benennung, denn der Name ist er und so auch die Benennung. Es gibt keinen anderen Namen als ihn (**Hu**), keine andere Benennung als ihn. Er ist der Erste (**al-Awwalu**), vor dem nichts ist. Er ist der Letzte (**al-Âchiru**), nach dem nichts kommt, der kein Ende hat. Er ist der Offenkundige (**al-Dhâhiru**), der kein Äußeres besitzt. Er ist der Verborgene (**al-Bâtinu**), ohne Inneres. Damit will ich sagen: Er ist das Sein der Schriftzeichen *(Hurûf)* des Äußeren wie jener des Inneren. Es gibt kein Außen oder Innen, sondern nur ihn. Die Schriftzeichen müssen sich nicht ändern, um er zu werden, und er muß sich nicht ändern, um Schriftzeichen zu werden (…) Er allein sieht sich, und niemand kann ihn sehen; niemand kann ihn fassen, er allein kann sich fassen; niemand kann ihn erkennen, er allein erkennt sich. Nur er sieht sich selbst, nur er erkennt sich selbst, niemand anderer als er kann ihn sehen, niemand anderer als er vermag ihn zu fassen. Seine Einsheit ist seine eigene undurchdringliche Verhüllung. Niemand anderer als ‚er' verdeckt ihn. Sein Schleier ist seine eigene Existenz. Durch seine Einsheit ist er auf unerklärbare Weise verhüllt, und niemand anderer als er sieht sich: weder ein eingeweihter Prophet, noch ein vollkommener Heiliger, noch ein nahestehender Engel."

Darum begann Ibn al-'Arabî seine *Weisheit der Propheten* mit den Worten: „Gott wollte die Essenzen seiner vollkommensten Namen sehen, d.h. er wollte seine eigene Essenz in einem umfassenden Objekt sehen, das, mit Existenz ausgerüstet, göttlichen Rang annähme, mit der Absicht, so sich selbst sein Geheimnis zu manifestieren." Demzufolge hätten die Namen mit ihren Inhalten die Entstehung des Menschen bestimmt.

Manche Mystiker gehen noch weiter. Für sie ist jedes Phänomen der Schöpfung die Manifestierung eines Namens, es ist dessen Essenz und wird wieder zu diesem zurückkehren. So ist der Engel die Manifestierung des Namens **al-Quddûsu** (der Heilige), der Himmel die der Namen **al-Bâqî** (der Bestandhabende) und **al-Râfi'u** (der Auszeichnende). Die Tiere sind Manifestierungen der Namen **al-Sâmî'u** (der Hörende) und **al-Basîru** (der Sehende). Der Mensch ist die Bekundung des Höchsten, des Hundertsten, des Geheimen Namens.

Es muß hier erwähnt werden, daß die Anschauungen der mystischen Schulen mit denen der allgemeinen Theologie nicht übereinstimmen. So enthält z.B. nach Ansicht einer dieser Schulen jeder Name auch eine Verneinung. Es wird die Möglichkeit verneint, Gott das Gegenteil seines Attributs zuzuschreiben. So beinhaltet z.B. **al-'Adlu**, „derjenige, der gerecht und billig ist", daß es in Gott keine Ungerechtigkeit geben kann. Dazu äußern sich die Sufis, indem sie leugnen, daß Gott etwas fehlen könne. Jedes Attribut, das ein Gegenteil enthält (das Sein und das Nichtsein), ist deshalb als ein vom Menschen hypothetisch aufgestelltes anzusehen, denn die Menschen leben in einer sichtbaren Welt, in der es Gegensätze gibt. Gott hingegen ist jenseits und über der sichtbaren Welt, weshalb er die sichtbare Welt in sich mitumfaßt, die ja ohne seine Essenz nicht bestünde. Da also die sichtbare Welt in ihm enthalten ist, sind in ihm auch die Eigenschaften der sichtbaren Welt selbst vorhanden, daher auch die Gegensätze. Dabei bleibt er immer über allem stehend und von allem unberührt, wie ja auch auf Erden jeder Erschaffer eines Gegenstands über diesem steht und von ihm völlig unterschieden ist. In der Tat bestehen nach Abû Abdallâh Tirmidhî (gest. 898) „die Verschiedenheiten in Umständen, die vergänglich sind. Gott aber, der weder Umständen unterliegt noch vergänglich ist, ist Ursprung und Essenz des Ganzen, ohne von diesem Ganzen berührt zu werden."

Eine andere theologische Richtung sagt, die Namen leiteten sich ab von den sieben Hauptattributen Leben, Wissen, Macht, Wille, Hören, Sehen, Rede. Sie kommen Gott in Ewigkeit zu, da sie seine Essenz kennzeichnen, welche die achte Eigenschaft ist, die alle anderen umfaßt. Die Ansicht der Sufis, wie sie in diesem Fall vor allem von Farid ad-Dîn Attar vollendet ausgedrückt wurde, geht dahin, daß diese Attribute – obgleich sie bejahend sind – sichtbare Wirklichkeiten bezeichnen, die voneinander völlig unterschieden sind. Da sie sich aber alle auf die eine Essenz berufen, der sie nichts hinzufügen, sind sie von dieser folglich nicht unterschieden. Darum kann jeder Name als selbständige Gleichsetzung der „ganzen" göttlichen Identität angesehen werden. Dabei werden zwei Eigenschaften unterschieden: eine absolute und ewige (die Existenz im eigentlichen Sinn), sowie eine relative und vorübergehende (die unseren Sinnen „erscheint" und uns, die wir zeitunterworfene, von Bedingungen abhängige Geschöpfe sind, erleuchtet). Die Grenzen für das Verständnis jener absoluten Einheit der Namen, der absoluten göttlichen Ewigkeit, die jede versuchte oder gedachte Vergegenständlichung ausschließt, sind zugleich die Grenzen unserer menschlichen Natur. Abschließend dazu sei Sayyed Haydar Amolî, der schiîtische Mystiker aus Amol, zitiert: „Gott, der Allerhöchste, manifestiert sich in zweiter Linie mit seinem Namen ‚der Offenkundige' (**al-Dhâhiru**), so wie er sich in erster Linie mit seinem Namen ‚der Verborgene' (**al-Bâtinu**) offenbart. Das Außergewöhnliche dabei ist, daß er sich in seinen entschleierten Formen manifestiert, die ihn gleichzeitig verhüllen, und daß er von keiner dieser Formen verhüllt wird, ohne daß sie ihn gleichzeitig entschleiert."

Verständlicherweise nahmen die Fundamentalisten und die Mystiker, zumindest in den ersten islamischen Jahrhunderten, gegensätzliche Haltungen ein, und das nicht nur auf metaphysischer Ebene. Hier eine Übereinstimmung zwischen den Theologen und den Sufis zu bewirken, war das Werk – oder wenigstens der Versuch – von Ibn al-'Arabî (1165–1240): Dank seiner Schriften wurden die Sufis von den offiziellen 'ulamâ nicht mehr als simple, gefährliche „Freidenker" angesehen. In *Die Weisheit der Propheten* schrieb er: "Obgleich die göttlichen Namen in ihrer Vielheit unbestimmbar sind, da man sie nur in ihren Auswirkungen, die ebenfalls unbestimmbar sind, kennt, sind sie doch auf eine bestimmte Zahl von ,Wurzeln' reduzierbar, von denen die Namen Gottes ausgehen, oder aber auf jene ,Präsenzen', die die Namen einschließen. Tatsächlich gibt es nur eine einzige ,essentielle Wahrheit' *(haqîqa)*, die alle diese Beziehungen und Verhältnisse, die mit den göttlichen Namen bezeichnet werden, enthält. Nun, diese essentielle Wirklichkeit gewährleistet, daß jeder dieser Namen, der sich fortwährend ohne Ende manifestiert, eine essentielle Wahrheit enthält, die ihn von den anderen unterscheidet. Diese unterscheidende Wahrheit ist es, und nicht ihre Gemeinsamkeit mit den anderen Namen, die das Eigentliche des Namens ausmacht. Dasselbe gilt für die göttlichen Gaben, die sich, auf Grund der Unterscheidung der Gottesnamen selbst, voneinander in ihrer Eigenart unterscheiden, mögen sie auch alle aus einer einzigen Quelle hervorgehen. Im übrigen steht fest, daß das ,eine' nicht das ,andere' ist. Dank ihrer Unendlichkeit gibt es in der göttlichen Präsenz absolut keine Wiederholung, und das ist eine Grundwahrheit."

Die Aussöhnung der Gegensätze zwischen Fundamentalisten und Mystikern, oder wenigstens die Gewährung einer Art „Koexistenz", ermöglichte eine erweiterte oder breitere Auslegung der Namen. Meinungen konnten nun frei ausgesprochen werden, auch wenn sie der Rechtgläubigkeit widersprachen. Solche Ansichten gab es unter den Sufis schon seit dem 10. Jahrhundert. So schrieb al-Hallâdsch: „Manche Namen können widersprüchlich scheinen, aber das Absolute jedes einzelnen von ihnen beseitigt jeden Gegensatz schlechthin. In der Fülle solcher Unversehrtheit können keine Gegensätze bestehen, denn es ist ein absolut Ganzes, in dem alles enthalten ist, ohne daß es ‚dieses alles‘ wäre (…) Nur in ihm gibt es keine Möglichkeit zum Gegensatz, selbst wenn seine Attribute den Anschein erwecken können. In seiner Kundgebung ist er verborgen und in seiner Verbergung ist er offenbar, denn er ist der Offenbare und der Verborgene, der Nahe und der Ferne; daher ist es seinen Geschöpfen verboten, ihm etwas beigesellen zu wollen, das ihm gleiche."

Und Abû Bakr Kalâbâdhî, Sufilehrer aus Chorasan (gest. 995) schrieb in seiner bemerkenswerten Abhandlung über die muslimische Mystik: „Die Attribute sind wirkende Essenzen eines jeden seiner Namen. Daher weicht die Anschauung der Sufis über die göttlichen Namen nur scheinbar ab; einige vertraten, so wie bei den Attributen, auch bei den Namen die Ansicht, diese seien weder Gott, noch jemand anderer als er; wiederum andere behaupteten, die göttlichen Namen seien Gott."

Darin stimmt Kalâbâdhî mit Farid al-Dîn Attar überein: „Seine Attribute sind mit seiner Essenz identisch, und wenn du genau hinsiehst, ist er durch und durch Essenz."

In seinem Buch sprach sich Farid ad-Dîn Attar entschieden gegen die leeren Streitschriften aus: „Wenn du die neunundneunzig Namen Gottes leichtfertig aufzählst, spielst du nur mit einer Hülse: Von allen Namen wird nicht einer in dir eine Spur hinterlassen, und von diesen Hundert weniger Einem wirst du nicht den hundertsten Teil erkennen. Was beabsichtigst du mit dieser Aufzählung, die man unbestimmt auf den Gepriesenen wie auf den Preisenden beziehen kann? Gott zählt die ungeheure Menge an Güte nicht, die er verschenkt. Willst du seine Namen wie ein Wucherer zählen? Gott hat zu seinem Namen keinen Zugang gewährt, wie also könnten wir ihn mit Namen verehren? Da du mit keinem einzigen Wort seine Essenz aussagen kannst, ist es besser, gar keinen auszusprechen."

Anderseits war die Bedeutung der Namen und der in ihnen eingeschlossenen göttlichen Essenz, mitsamt der darin liegenden Unmöglichkeit, Gott darzustellen, schon in vorislamischer Zeit bekannt. Die Schriften des Dionysius Areopagita (verbreitet im 4./5. Jahrhundert) zählen gleichfalls, wenn von Gott gesprochen wird, eine Reihe von Namen auf: „‚Ich bin derjenige, der ist, ich bin das Leben, das Licht, Gott, die Wahrheit'; die heiligen Schriften preisen ihn mit vielen Bezeichnungen, die allen Dingen entnommen sind, da er ja der Ursprung aller Dinge ist. Sie preisen ihn mit vielen Namen, die aus Geschaffenem abgeleitet wurden, wie: der Gute, der Schöne, der Weise, der Liebevolle, Gott über alle Götter, Herr der Heerscharen, Heil des Heiles, der Ewige, der Seiende, der Schöpfer der Zeiten, der Spender des Lebens, die Weisheit, die Klugheit, das Wort, der Allwissende, die Macht, der Mächtige, der König der Könige, der Alte der Tage, der weder Alter noch Veränderung Unterworfene, das Heil, die Gerechtigkeit, die Heiligung, die Erlösung, derjenige, der alles an Größe übertrifft."

Was die Namen anbelangt, so waren den Sufis weder diese Byzantinismen der christlichen Patristik, die Visionen der neuplatonischen und apokalyptischen Philosophen noch das sassanidische Asketentum nicht unbekannt. So kam es zu extremen Spekulationen, wie z.B. bei Nadscham al-Dîn Kobrâ (gest. 1221) und zu den esoterischen Gedankengängen Ibn al-'Arabîs. Kobrâ vertrat den Standpunkt, man könne die Namen in zwei Kategorien und zwar in verschiedene Erscheinungsformen des göttlichen Lichts einteilen: in die Lichter der Majestät und in die Lichter der Schönheit, die uns den „geoffenbarten Gott" beziehungsweise den „verborgenen Gott" ausdrücken. So gelangen wir zur „unzugänglichen Majestät der Schönheit" und zur „fesselnden Schönheit der unzugänglichen Majestät". Das führt zum negativen und zum positiven Vorhandensein der Gottheit (womit die oben genannten scheinbaren Gegensätze erklärt werden), zu einer Art männlicher beziehungsweise weiblicher Identität, die zum Erschaffen notwendig aufeinander einwirken. Hier besteht ein Zusammenhang mit dem tantrischen Begriff oder der Vorstellung von *yin und yang*. Dann führt er „zum weißen und zum schwarzen Licht" sowie, in aufsteigender Reihenfolge, zu den verschiedenen Zwischenkategorien des Lichts, wie sie von der Namensfolge ausgedrückt werden, und die für viele Sufischulen den „Weg" ihrer mystischen Entwicklung darstellen. Wie aus dem Kontext leicht festzustellen ist, gehen diese Ansichten weit über das eigentlich Islamische hinaus und füllen ihn mit orientalischen Theorien, die sogar den Lehren der geltenden Theologie widersprechen können. Eine solche Einstellung ließ Suhrawardî (1155–1191) *Das Buch der Lichttempel (Kitâb al-Nûr)* verfassen, das unter Nr. 93 (**al-Nûru**) angeführt wurde.

Ibn al-'Arabî entwickelte seinerseits einen Entwurf der Entsprechung zwischen achtundzwanzig Namen und achtundzwanzig „Stationen" des Mondes. Jede von ihnen entspricht einem Buchstaben des arabischen Alphabets und symbolisiert eine spezifische Bekundung, während das Alphabet als ganzes die Ordnung wiederherstellt, der das gesamte All unterliegt. Auf der Grundlage der so gewonnenen Tierkreislinie gelangt der Sufi zu der Vertikalen Nadir-Zenit und auf dem Weg der vielfachen Erscheinungsformen und Arten alles Seienden zur Erkenntnis der göttlichen Ewigkeit und fortbestehenden Identität des Einzigen. Sobald diese Erkenntnis gewonnen ist, gelangt die Seele zum Bewußtsein der Harmonie, die alle Dinge im Universum verbindet und transzendiert, um letztlich den Einen zu begreifen. Jeder Name ist mit einem Buchstaben des Alphabets verknüpft; dabei folgt man der Anleitung der esoterischen Regeln *'ilm al-Abdschad (Die Weisheit der Buchstaben)*, die ihrerseits mit Zahlenmystik und Wahrsagekunst verbunden sind (vgl. Tafel im Anhang).

Die achtundzwanzig Namen sind über den Tierkreis verteilt und gehen vom Widder aus. Sie lauten:

1 **al-Badî'u** (Nr. 95: Der Neuerer)
   Der Erste, der Intellekt, das Schreibrohr. Buchstabe *alef*.
2 **al-Bâ'ithu** (Nr. 50: Der Erwecker)
   Der Eine, der entstehen läßt, die universale Seele, die himmlische Tafel. Buchstabe *hâ*.
3 **al-Bâtinu** (Nr. 76: Der Verborgene)
   Der Geheime, die universale Natur. Buchstabe *'ain*.
4 **al-Wâdschidu** (Nr. 65: Derjenige, der feststellt)
   Der Letzte, die universale Substanz. Buchstabe *châ*.

5 **al-Dhâhiru** (Nr. 75: Der Offenkundige)
Der Erscheinende, der universale Körper. Buchstabe *ghain*.

6 **al-Hakîmu** (Nr. 47: Der Weise)
Der Wohlunterrichtete, die Form. Buchstabe *hâ*.

7 **al-Mu' îdu** (Nr. 60: Der Wiedererwecker)
Derjenige, der alles umgibt, der Thron. Buchstabe *qâf*.

8 **al-Schakûru** (Nr. 36: Der Dankbare)
Der Willkommene, die Grundlage, das Postament.
Buchstabe *kâf*.

9 **al-Ghanîyyu** (Nr. 88: Der Reiche)
Der Unabhängige, der Autonome. Der Himmel rund um den
Tierkreis. Buchstabe *dschîm*.

10 **al-Muqtadiru** (Nr. 70: Der Allmächtige)
Der Fähige. Der Himmel der Fixsterne. Buchstabe: *schîn*.

11 **al-Rabbi** (Der Meister, keine Nr.)
Der Herr. Erster Himmel, Saturn die Stätte Abrahams.
Buchstabe *iâ*.

12 **al-'Alîmu** (Nr.20: Der Allwissende)
Derjenige, der weiß. Zweiter Himmel, Jupiter die Stätte Moses.
Buchstabe *dhâd*.

13 **al-Qahhâru** (Nr. 16: Der Bezwinger)
Der Siegreiche. Dritter Himmel, Mars die Stätte Aarons.
Buchstabe *lâm*.

14 **al-Nûru** (Nr. 93: Das Licht)
Die geistige Erleuchtung, die Klarheit, das Feuer. Vierter
Himmel, Sonne die Stätte Hermes. Buchstabe *nûn*.

15 **al-Musawwiru** (Nr.14: Der Gestalter)
Der Geber der Formen. Fünfter Himmel, Venus die Stätte
Josefs. Buchstabe *râ*.

16 **al-Muhsî** (Nr. 58: Der Zählende)
Derjenige, der zählt, einschätzt und erwägt. Sechster Himmel,
Merkur die Stätte Jesu. Buchstabe *thâ*.

17 **al-Mû'minu** (Nr.7: Der Glaubende)
Derjenige, der klarstellt. Siebenter Himmel, Mond die Stätte
Adams. Buchstabe *dâl*.

18 **al-Qâbidu** (Nr.21: Der Abmessende)
Derjenige, der Zwang hervorruft. Die Sphäre des Äthers und der
Meteore. Buchstabe *tâ*.

19 **al-Hayyu** (Nr. 63: Der Lebendige)
Der, Der ist. Die Luft. Buchstabe *zâi*.

20 **al-Muhyî** (Nr.61: Der Lebendigmachende)
Derjenige, Der das Leben gibt. Das Wasser. Buchstabe *sîn*.

21 **al-Mumîtu** (Nr. 62: Der Todbringende)
Derjenige, der tötet. Die Erde. Buchstabe *sâd*.

22 **al-Schahîdu** (Nr. 51: Der Zeuge)
Der Kostbare. Die Minerale und Metalle. Buchstabe *zâ*.

23 **al-Razzâqu** (Nr: 18: Der Bescherer)
Derjenige, der nährt. Die Pflanzen. Buchstabe *thâ*.

24 **al-Mudhillu** (Nr. 26: Der Demütigende)
Derjenige, der erniedrigt. Die Tiere. Buchstabe *dhâl*.

25 **al-Qawiyyu** (Nr.54: Der Starke)
Der Starke. Die Engel. Buchstabe *fâ*.

26 **al-Latîfu** (Nr. 31: Der Freundliche)
Der Ungreifbare, Der Geheimnisvolle. Die Dschinn.
Buchstabe *bâ*.

27 **al-Dschâmi'u** (Nr.87: Der Versammelnde)
Derjenige, der sammelt und wiedervereint. Der Mensch.
Buchstabe *mîm*.

28 **al-Râfi'u** (Nr. 24: Der Auszeichnende)
Derjenige, der die erhabensten Ebenen besitzt. Die hierarchi-
schen Seinsstufen in ihrer Essenz und nicht in den Formen ihrer
Kundgebung. Buchstabe *uâu*.

Damit betreten wir den Bereich der esoterischen Namensinhalte
und deren Verwendung bei den Übungen der Sufis, um zur mystischen Verzückung zu gelangen. Eine solche erfolgt entweder durch
die „Erinnerung" der Namen *(dhikr)* oder durch besondere „Zu-
stände" *(ahwâl)* und „Stationen" *(maqâmât)*, die jenen Namen entsprechen, mit denen sie verbunden sind.

Die Etappen des *dhikr* – der anfänglich in der vielfach wieder-
holten Aufzählung eines oder mehrerer Namen Gottes besteht,
manchmal auch mit Hilfe von Rosenkränzen mit bis zu tausend Perlen – wurden von Dschavad Nurbachsch, Scheich der Nîmatalla-
hiyya in seinem Buch *The paradise of the sufis* (London 1988) wie
folgt beschrieben: „Im *dhikr* gibt es verschiedene Etappen: Erstens
der *dhikr*, der sich auf die Wiederholung eines der Namen nur mit
den Lippen, ohne Mitwirkung des Herzens, beschränkt. Einige
schaich sind der Ansicht, auch diese Art von *dhikr* könne eine ge-
wisse Wirkung haben. In der zweiten Etappe nimmt auch das Herz
an den Lippen teil, wenn Gott durch seinen Namen in Erinnerung
gerufen wird. In der dritten Etappe beherrscht der *dhikr* das Herz
und wurzelt sich darin tief ein (…) In der vierten Etappe schließlich
kommt der in Erinnerung Gerufene selbst, um das Herz zu beherrschen."

Die Stufen und Stationen, die von den Sufis mit Hilfe der Namen
durchstiegen werden, finden wir in einer Schrift des Meisters 'Abd
al-Karîm ad-Dschîlî (geb. 1336) zusammengefaßt. Auch diese
möchte ich hier gerne vollständig wiedergeben. Es handelt sich dabei um die *Enthüllung der göttlichen Namen*, ein kurzes Kapitel aus
seinem Werk *Al-Insân al-Kâmil (Der vollkommene Mensch)*:

„Sobald sich Gott, der Allerhöchste, seinem Knecht mit einem
Namen offenbart, wird dieser durch die Blitzschläge des göttlichen
Namens aus sich herausgerissen, so sehr, daß – wenn du Gott mit
diesem Namen anrufst – dir der Knecht antworten wird, weil sich
der göttliche Name nunmehr auf ihn anwenden läßt.

Die erste Stufe in dieser geistlichen Reihenfolge ist die betrach-
tende Schau Gottes, der sich offenbart als ‚derjenige, der wirklich ist'
(**al-Maûdschûdu**). Und siehe, dieser Name bezieht sich auf den
Anbetenden selbst. Über diese Stufe hinaus offenbart sich Gott vor
allem mit dem Namen ‚Der Einzige' (**al-Wâhidu**), dann mit dem
Namen **ALLÂHU**. An dieser Stelle verliert der Knecht durch die
göttliche Einstrahlung die Besinnung, der Berg spaltet sich und
Gott, die Wahrheit (**al-Haqqu**), ruft ihn von der Höhe des Sinai in
die Wahrheit seiner Essenz (**haqîqa**): ‚Ich bin Gott. Es gibt keinen

Gott außer mir. Darum diene mir und verrichte, meiner gedenkend, das Gebet', heißt es ihm Koran (XX,14). Gott streicht den Namen des Knechts und setzt an seine Stelle den Namen Gott (**Allâhu**), so daß, wenn du **Allâhu** sagst, der Knecht dir antwortet: ‚Hier bin ich'. Wenn sich dann der Knecht weiter hinauf erhebt und Gott ihn nach seiner Entwerdung *(fanâ)* in einem Zustand des Bestehenkönnens *(baqâ)* stärkt und kräftigt, wird Gott jedem antworten, der diesen Knecht anruft. Wenn du z.b. sagst: ‚O Mohammed!', wird Gott dir antworten: ‚Ich bin für dich da'.

Wenn dann der Knecht in seiner Entwicklung weitersteigt, offenbart sich ihm Gott mit dem Namen ‚der Barmherzige' (**al-Rahmânu**), dann mit dem Namen ‚der Herr' (**al-Rabbu**), dann mit ‚der König' (**al-Maliku**), dann mit ‚der Allwissende' (**al-'Alîmu**), dann mit ‚der Mächtige' (**al-Qâdiru**). Jeder dieser Namen enthält eine höhere Offenbarung als der vorhergehende Name, weil sich Gott durch seine immer deutlichere Offenbarung immer klarer manifestiert: Wenn er sich seinem Anbeter als der Barmherzige enthüllt, macht er damit eine Unterscheidung von der Totaloffenbarung seines Namens ‚Gott'; wenn er sich als der Herr zeigt, unterscheidet er sich kraft seines Namens ‚König' von der – bedingt umfassenden – Kundgebung als Barmherziger. Diese Ordnung ist die Umkehrung jener Reihenfolge, die man für die Offenbarungen der Essenz anwendet, bei der die Manifestierung vom Allgemeinen zum Besonderen zurückgeht und wonach dann der Barmherzige über dem Herrn, und Gott über allen Namen steht. Dank dieser Umkehrungsanalogie innerhalb der Hierarchie der Namensoffenbarungen schöpft der Anbetende die Offenbarungen aus den Namen – deren innewohnende Wirklichkeit immer die Essenz bleibt – , indem er jeden von ihnen durchlebt, weil das jeder göttliche Name jeweils erfordert, der sich ihm als dem Unterworfenen anheftet. Dann wird der Vogel seines Innersten auf den Zweigen seiner heiligen Wirklichkeit singen: ‚Dem, der die Namen meiner Geliebten anruft, antworte ich: / ich rufe, und Layla erwidert den Ruf. / Dies geschieht, weil wir nur eines Geistes sind; / sonderbar: ihr nennt uns zwei Körper. / Wir sind wie eine einzige Person mit zwei

Namen und einer Wesenheit. / Mit welchem Namen du auch rufst, rufst du die Essenz, und so wird sie zu dir kommen. / Mein Wesen ist ihr Wesen, mein Name ist ihr Name. Mein Verhältnis zu ihr ist die Auslöschung in der Vereinigung. / In Wahrheit sind wir keine zwei Wesen in einem einzigen Sein: / sondern der Liebende selbst ist die Geliebte'.

Seltsam: Der Mensch, der die Offenbarungen der göttlichen Namen empfängt, betrachtet nur die reine Essenz, ohne sich des Namens, der sie ihm enthüllt, bewußt zu sein; dennoch ist dieser herrschende Name differenziert, denn der in die Betrachtung Versunkene bezieht sich auf die Essenz kraft des Namens, der gleichzeitig seine Betrachtung der Essenz lenkt.

Bei dieser Kontemplation mittels der göttlichen Namen unterscheiden sich die Menschen voneinander. Über einige ihrer Wege werde ich sprechen, ohne sie vollständig zu beschreiben, da es unmöglich ist, alle göttlichen Namen aufzuzählen, geschweige denn alle Näherungswege dorthin; denn die Menschen, denen die göttliche Offenbarung durch ein und denselben Namen zuteil wird, unterscheiden sich allemal in ihrer Einstellung. Von all dem werde ich nur auf das hindeuten, was mir auf meinem geistlichen Weg zu Gott widerfahren ist; weiter werde ich in diesem Buche nichts erzählen – weder von mir noch von anderen – außer, was ich selbst in der Zeit erlebt habe, in der ich den Weg der inneren Schau *(al-Kaschfu)* und der unmittelbaren Vision *(al-Mu'âyana)* zu Gott ging.

Kehren wir also zu dem zurück, was ich über die verschiedenen Arten sagen wollte, wie die Menschen die Offenbarungen der göttlichen Namen erhalten. Manchen enthüllt sich Gott als ,der Alte der Tage' (**al-Qadîmu**), und sie gelangen zu dieser Offenbarung durch die Intuition ihrer Präexistenz im göttlichen Bewußtsein: Sie erkennen wieder, daß sie vor der Schöpfung bestanden, dank der Tatsache, daß das göttliche Bewußtsein, dessen Objekt sie sind, ewig ist. Gott ist durch seine Wesenheit ein Wissender; nun gut, der Gegenstand des Wissens kann von diesem nicht getrennt werden, da das Wissen in bezug auf sein Objekt wissend ist; oder aber, die Kenntnis des Objekts bestimmt die Natur des wissenden Subjekts, dergestalt, daß, wenn das Wissen ewig ist, auch sein Objekt ewig sein muß; daraus folgt, daß die Wesen im göttlichen Bewußtsein präexistieren. So kehren manche kraft seines Namens ‚der Alte der Tage' zu Gott zurück; sobald sich ihnen das Alter der Essenz enthüllt, verschwindet ihre vergängliche Existenz und sie haben ewige Dauer in Gott, ohne sich ihrer zeitlichen Bedingtheit bewußt zu sein.

Anderen offenbart sich Gott als ‚die Wahrheit' (**al-Haqqu**), und sie gelangen dorthin, weil Gott ihnen die göttliche Wahrheit offenbart, die in dem Koranwort (XV,85 und XLVI,3) ausgedrückt ist: ‚Wir haben Himmel und Erde, und was dazwischen ist, wirklich (und wahrhaftig) geschaffen.' Sobald sich die Essenz dank ihres Namens ‚die Wahrheit' kundtut, schwindet die geschöpfliche Natur aus dem Kontemplativen und es besteht nur mehr seine heilige und transzendente Essenz.

Anderen wiederum offenbart sich Gott mit dem Namen ‚der Einzige' (**al-Wâhidu**), und er führt sie zu dieser Offenbarung, indem er die innere Einheit der Welt zeigt, die aus der göttlichen Essenz hervorgeht wie die Wellen aus dem Ozean. Sie betrachten Gottes Offenbarung in der Vielfalt der Geschöpfe, die sich dank der göttlichen Einzigkeit untereinander unterscheiden. Dann spaltet sich ihr Berg: Wer ruft, fällt in Ohnmacht, seine Vielfalt zerfällt in der Einzigkeit des Einen; die Geschöpfe scheinen wie nie gewesen, und Gott erscheint als derjenige, der kein Ende hat.

Noch anderen offenbart sich Gott mit dem Namen ‚der Heilige' (**al-Quddûsu**), und sie gelangen zu dieser Kundtuung, indem sie das Geheimnis der Gottesrede durch innere Schau begreifen. ‚Wenn ich ihn dann geformt und ihm Geist von mir eingeblasen habe, dann fallt vor ihm nieder', heißt es im Koran (XV,29 und XXXVIII,72). Gott zeigt ihnen, daß der göttliche Geist Gott selbst und daß er der Heilige und Transzendente ist. Nun, sobald sich Gott mit seinem Namen ‚der Heilige' offenbart, wird der Knecht von den Unreinheiten der Existenz entkleidet, er besteht in Gott weiter und gelangt über jegliche Hinfälligkeit hinaus.

Weiter offenbart sich Gott einigen mit dem Namen ‚der Offenkundige' (**al-Dhâhiru**). Sie haben die innere Schau des göttlichen

Lichts, das sich in den stofflichen Dingen zeigt, und sie erkennen darin, daß es Gott allein ist, der erscheint. Nun gut, wenn sich Gott als der Offenkundige enthüllt, dann erlischt der Knecht samt der ganzen Schöpfung – die in sich selbst keinen Bestand hat – angesichts der Kundtuung des göttlichen Seins.

Anderen offenbart sich Gott als ‚der Innere‘ (**al-Bâtinu**), und sie gelangen dorthin in der Schau, daß die Dinge durch Gott, ihre innere Wirklichkeit, Bestand haben. Sobald sich Gott als ‚der Innere‘ kundgibt, erlischt die vom göttlichen Licht bestrahlte Manifestierung des Knechts. Gott wird zu seinem Inneren, und er wird zu Gottes Äußerem.

Was die göttliche Offenbarung mit dem Namen **Allâhu** betrifft, so kann der Weg dorthin nicht bestimmt werden, ebensowenig übrigens wie alle anderen Offenbarungen der göttlichen Namen, denn, wie schon gesagt wurde, wir können die Wege zu diesen Offenbarungen gar nicht bestimmen, da ihre Art und Weise von der Veranlagung der Menschen abhängt. Sobald sich Gott seinem Knecht mit dem Namen Gott offenbart, erlischt die Seele des Knechts und Gott nimmt ihren Platz ein. Er entledigt ihren Tempel von den Spannstricken des Vergänglichen und sprengt die Fesseln, die ihn an die seienden Dinge schmieden. Dann ist der Knecht nur mehr Essenz, nur mehr Eigenschaft, er erkennt Vater und Mutter nicht mehr (‚Denk an Gott, und Gott wird an dich denken‘; ‚schau Gott an, und Gott wird dich anschauen‘). Dann singt dieser Mensch in der Sprache seines Zustands: ‚Sie (die göttliche Wahrheit, **al-Haqîqa**) zieht mich an, / sie setzt sich an meine Stelle; / sie hat mich freilich ersetzt, aber wo bin jetzt ich? / Ich bin sie, und sie ist mein Selbst. / Für sie gibt es nur mich, der sie begehrt. / Durch sie bestehe ich in ihr; zwischen uns gibt es kein ‚Du‘. / Meine Beschaffenheit in ihr war so, wie sie sein wird; / denn ich habe meine Seele erhoben, und sie hat die Schranke beseitigt. / Ich bin vom Schlafe erwacht, habe vom Bett mich erhoben. / Sie hat mich mir selber gezeigt, mit dem Auge meines wahren Wesens, / auf der Stirn der Schönheit lese ich die Zeichen. / Ich habe meine innere Schönheit geglättet, damit sie zum Spiegel werde / für die Züge der Vollkommenheit. / Ihre Eigenschaften sind meine, mein Wesen ist das ihre, / aus ihrer Kraft geht für mich die Morgenröte der Schönheit auf: / Mein Name ist wahrhaft ihr Name, und der Name ihrer Essenz ist der meine.'

Wiederum anderen offenbart Gott sich mit dem Namen ,der Barmherzige' (**al-Rahmânu**). Indem er sich ihnen mit dem Namen Gott (**Allâhu**) zu erkennen gibt, lenkt er sie durch seine Essenz zur höchsten göttlichen Stufe, die alle Erscheinungsformen des Ruhmes zusammenfügt und alles Seiende durchdringt. Das ist der Weg, der zur Offenbarung der Essenz mittels des Namens ,der Barmherzige' führt. In diesem Stadium, da sich das Göttliche enthüllt, erfordert es die Seele des Knechts, der immer noch an die Materie gebunden ist, daß sich die göttlichen Namen nacheinander in ihn einsenken und er von ihnen soviel Licht des göttlichen Wesens erlangt, als Gott in ihn hineingelegt hat. Die Aufeinanderfolge der Namen geschieht so lange, bis der Knecht zur göttlichen Offenbarung mit dem Namen ,der Herr' (**al-Rabbu**) gelangt. Dann senken sich alle jene göttlichen Personennamen (**al-Nafs**) in ihn ein, die unter dem Namen ,der Herr' stehen, und die die Aspekte des Göttlichen wie des Kreatürlichen zusammenfügen. Das sind ,der Allwissende' (**al-'Alîmu**), ,der Mächtige' (**al-Qadîru**) und andere Namen. Ihre Folge führt schließlich zum Namen ,der König' (**al-Maliku**). Sobald der Knecht diesen Namen empfängt und Gott sich ihm darin in seinem Wesen offenbart, kommen alle anderen Namen in ihrer ganzen Fülle gleichsam einer nach dem anderen zu ihm herab, bis zu dem Namen ,der Beständige' (**al-Qayyûmu**). Sobald der Knecht diesen letzten Namen empfängt und Gott sich in ihm offenbart, geht er von der 'Enthüllung der göttlichen Namen' zur ,Enthüllung der göttlichen Eigenschaften' über." (Zitatende).

Ich möchte noch einfügen, daß die „Enthüllung der göttlichen Eigenschaften", die vorletzte Etappe in der mystischen Askese ist, die mit der „Enthüllung der göttlichen Essenz" (**al-Dhât**) abschließt und folgende Eigenschaften aufzählt: das Wissen (**al-'ilm**), das Sehen (**al-Basar**), das Hören (**al-Sam'**), das Sprechen (**al-Kalâm**), das Wollen (**al-Irâda**), die Allmacht (**al-Qudra**).

Die mystischen Erleuchtungen, die aus den sufischen Spekulationen im Laufe der Jahrhunderte hervorgingen, blieben nicht auf ihren Kreis beschränkt, sondern inspirierten bis in unsere Zeit andere geistig Suchende in Ost und West. Als wichtigstes Beispiel diene hier die Schrift eines jüdischen Mystikers aus Spanien, Bahya Ibn Paqûda, der im Jahre 1080 (eine glücklichen Zeit, in der im muslimischen Teil Spaniens alle drei Offenbarungsreligionen friedlich nebeneinander lebten) auf Arabisch die *Einführung in die Pflichten des Herzens* schrieb. Im zehnten Kapitel *(Die Attribute Gottes gemäß der Vernunft und der Heiligen Schrift)* sagt er: „Die göttlichen Attribute, die wahrnehmbaren wie die geoffenbarten, die den Schöpfer bezeichnen (…), können in Attribute der Essenz und in Wirkattribute zusammengefaßt werden. Attribute der Essenz nennen wir jene, die schon vor der Schöpfung in Gott vorhanden waren und für immer in ihm bleiben werden, wie es seinem Ruhm allein zukommt. Diese sind: das Sein, die Einheit und die Ewigkeit (…). Die Wirkattribute leiten sich von Gottes Werken ab (…). Wir können sie in zwei Gruppen unterteilen. Die erste umfaßt jene Attribute, die eine Ähnlichkeit oder eine körperliche Form ausdrücken (…); Die zweite enthält jene, die Bewegungen oder materielle Akte aussagen (…). Die Heilige Schrift übersetzt diese Begriffe durch die Verwendung sehr konkreter und den Menschen vertrauter Worte. Wollte sie Gott mit den ihm gebührenden Attributen beschreiben und das Geistige in einer spirituellen Sprache aussagen, dann verstünden wir weder die Worte noch den Geist. Es ist nicht möglich, ein Wesen zu verehren, das wir nicht kennen, und jemandem kultisch zu dienen, von dem wir keine Ahnung haben. Die Worte und ihre Übersetzung müssen daher dem Verständnis der Menschen, an die sie sich richten, angepaßt sein. Wahrheiten dringen vor allem in ihrer greifbaren, durch Worte ausgedrückten Form in die Herzen. Wir müssen uns dann um die Erkenntnis der darin liegenden Weisheit und um die Erfassung des Sinns bemühen und dabei Verstand und Scharfsinn aufwenden, damit wir erfassen, daß es sich nur um ungefähre Ausdrücke und um rhetorische Figuren handelt. Der wahre Inhalt ist zu subtil, zu erhaben, zu weitreichend und tiefliegend, als daß wir seine göttliche

Symbolik verstehen könnten. Der vernunftbegabte Mensch muß sich bemühen, die Worte ihrer körperlichen Schale zu entkleiden, um die durch sie ausgedrückte Wahrheit zu entdecken. Sein Geist wird sich von Stufe zu Stufe erheben, bis er, je nach seiner eigenen Art und Weise, das wirkliche Sein erreichen wird (…). Gott verlangt vom Menschen nur das, wozu er nach der Kraft seines Geistes, Verstandes und seiner Mittel, imstande ist."

Der hundertste Name
Gottes

Nach der Auslegung der neunundneunzig Namen Gottes und als Abschluß dieses Buchs möchte ich mich einem besonderen Aspekt des islamischen Denkens zuwenden. Er läßt sich von der irrationalen Seite unseres Unbewußten nicht trennen, die zum Leben jedes Menschen ebenso gehört wie seine Sehnsucht nach Gott oder seine Angst vor dem Tod. Der Reichtum an Bildern und die Freude am Märchenhaften ist vor allem den orientalischen, türkischen, mongolischen, chinesischen und den ihnen benachbarten Völkern eigen. Sie führten zu einer besonders parabelhaften Symbolik, nämlich zu der Auffassung, der Koran enthalte nicht neunundneunzig, sondern hundert Namen. Der hundertste sei verborgen und nur den erleuchtetsten Mystikern bekannt. Wer diesen hundertsten Namen kennt, kann, indem er ihn ausspricht, Leben oder Tod geben.

Einige Traktate griffen diese märchenhaften Erzählungen auf oder sprachen von einem hundertsten Namen, der aus dem Wissen und aus der Erlangung eines hochgradigen mystischen Bewußtseins aufsteigt.

Da die Sufis mit Hilfe von Fabeln und Parabeln – ein für die Asiaten charakteristisches Merkmal – tiefe, spirituelle Wahrheiten vermitteln, wollen wir hier zwei solche Erzählungen wiedergeben.

In *Ilâhi-Nâme (Das göttliche Buch)* von Farid al-Dîn Attar (1140–ca 1230) lesen wir: „Jesus ist der höchste Name. Eines Tages wurde Jesus von einem Mann gefragt, welches der höchste Name Gottes sei. Jesus erwiderte: ‚Du bist nicht würdig, ihn zu erfahren. Wozu soll man sich etwas wünschen, wenn man es nicht verdient?‘ Der Mann jedoch bestand darauf, daß Jesus ihm den Namen enthülle. Zuletzt sagte ihm Jesus diesen Namen und entzündete damit im Herzen dieses Mannes eine Flamme der Freude, gleich einer Kerze. Nun, als der Mann eines Tages mit Schritten, rasch wie der Wind, durch die Wüste eilte, sah er plötzlich mitten auf dem Weg eine Grube voller Knochen. Er überlegte und beschloß dann, den Höchsten Namen zuhilfezurufen, um dessen Macht zu erproben. Er rief also den Namen an und bat Gott, diese Knochen wieder zu beleben. Sobald er den Namen ausgesprochen hatte, verbanden sich die Knochen miteinander und kehrten ins Leben zurück. Aus ihnen erhob sich ein Löwe, dessen Augen Flammen sprühten. Mit dem wuchtigen Schlag seiner Tatzen brach er dem Mann das Genick und tötete ihn. Nachdem er den Mann verschlungen hatte, ließ er seine Knochen liegen, sodaß bei der Grube, die zuvor die Löwenknochen enthalten hatte, nun die Knochen des armen Mannes lagen."

In dem Buch *Islamische Weisheit* (Edizioni Paoline, Mailand) habe ich selbst die Sufilegenden aufgegriffen, die ich in meiner Kindheit gehört habe:

„Zur Zeit des großen Herrschers Akbar lebte in Indien ein Sufimeister, der berühmt war, weil er den hundertsten Namen Gottes kannte und daher über Leben und Tod alles Bestehenden Macht hatte.

Nun geschah es eines Tages, daß ein ehrwürdiger *schadu*, ein asketischer Hindu, zu ihm kam und sagte: ‚Ich bin ein Mystiker. Ich habe mein ganzes Leben mit Fasten und Meditation verbracht. In den Augen meiner Schüler bin ich ein großer Lehrer und wirke Gutes im ganzen Land. Entdecke mir den hundertsten Namen, denn ich verdiene ihn und will ihn anwenden, um heilbringende Wunder zu wirken'. ‚Gewiß', erwiderte der Sufimeister. ‚Dennoch muß ich dich einer Prüfung unterziehen, damit ich weiß, ob du es wirklich verdienst, daß ich ihn dir anvertraue. So verlangte es auch mein Lehrer. Wenn es Morgen ist, gehe zum Stadttor und bleib dort so lange, bis es nach Einbruch der Dämmerung geschlossen wird. Dann komm zu mir zurück und ich werde wissen, was ich zu tun habe'. ‚Etwas so Einfaches willst du? Ich verharre auch ganze Tage unbewegt in Meditation. Das wird mir nicht schwer fallen!' antwortete der andere und ging. Am Abend kehrte er zurück und sagte sogleich: ‚Meister, wie du siehst, war ich den ganzen Tag vor dem Stadttor, du kannst mir jetzt den geheimen Namen sagen. Aber denk nur, hätte ich ihn schon eher gekannt, hätte ich soeben nach Gerechtigkeit verfahren können. Denn als man das Stadttor gerade schließen wollte, kam ein alter, hagerer, müder Mann aus den Bergen, der eine Ladung Brennholz trug, die er tagsüber gesammelt hatte. Der Torwächter verlangte von ihm die Entrichtung des Zolls für das Brennholz. Aber der Alte sagte: ,Ich habe kein Geld, aber wenn du mir Aufschub gibst, gehe ich in die Stadt und verkaufe das Brennholz, dann komme ich zurück und werde bezahlen. Der Torwächter aber wurde zornig und schrie: ,Bewahre! Glaubst du, du kannst dich über mich lustig machen? Du wolltest vorbeigelangen, ohne den Zoll zu zahlen, deshalb werde ich das Holz einziehen'. Und wirklich ließ er ihn das Holz in sein Schilderhaus abladen, um ihn daraufhin aus der Stadt hinaus in die Kälte und Finsternis zu jagen. Siehst du, angesichts solchen Mißbrauchs hätte ich den geheimen Namen aussprechen und auf den Wächter den Tod herabrufen können. Ich hätte solchermaßen ein Werk der Gerechtigkeit vollbracht und dem armen Alten geholfen. Ich verdiene es wohl, den Namen zu erfahren.' ,Bist du dir dessen ganz gewiß?', erwiderte der Sufilehrer. ,Siehst du, auch ich hatte einen Meister, der mich zur rechten Zeit und am rechten Ort den geheimen Namen lehrte. Und weißt du, wer dieser Lehrer war? Der Alte, den du mit der Holzlast am Stadttor gesehen hast, und der jetzt draußen in der Nacht in Kälte und Finsternis weilt.'"

Für Nûr al-Dîn Abdurrahmân-i Isfarâyinî (1242 – ca. 1317) ist der hundertste Name Gottes ,der Sprechende' (**Mutakallim**), wie er in seiner Schrift *Der Enthüller der Geheimnisse* darlegt:

„Aus welchem geheimen Grund zählt der Auserwählte die neunundneunzig Namen in Gott zusammen, aber nicht den hundertsten? Jeder kennt den Hadith, der uns durch das Zeugnis Abû Hurayas überliefert wurde: ,Gott hat neunundneunzig Namen; hundert weniger einen; wer sie auswendig kennt, wird zur ungeraden Zahl und kommt ins Paradies. Gott liebt die ungerade Zahl.' Aber Gott hat seinem demütigen Knecht geoffenbart, daß der einzige Name, der noch fehlt, um das Hundert vollzumachen, jener ist, der jeden Propheten auszeichnet, nämlich ,der Sprechende' (**Mutakallim**). Dies wird dadurch erhärtet, daß die acht Attribute der königlichen Essenz[1] in den neunundneunzig Namen enthalten sind, mit Ausnahme der Attribute ‚der Präexistierende' (**Qadîm**), ‚der Sprechende' (**Mutakallim**) und ‚der Wollende' (**Murîd**), da niemand außer dem Propheten den Herrn in seinem Attribut ‚Wort' (**Takallum**, derjenige, der spricht) kennen kann. Die Tatsache, daß die Prophezeiung mit diesem göttlichen Attribut beginnt, wird durch Gabriel erhärtet, der, als er Mohammed das erstemal erschien und ihm das Gotteswort brachte, sagte: ‚Sprich im Namen deines Herrn.' Ohne Zweifel wissen die Propheten, wie Gott zu ihnen spricht, während alle anderen Menschen keine Möglichkeit dazu haben. Es ist außerdem richtig, wenn manche Eingeweihte behaupten, Gott habe ihnen dies oder jenes gesagt, oder sie hätten es von ihm gehört. Doch das ist das Bild für die sogenannte ‚Inspiration'(ilhâm), die in ihr Herz gelangt ist. Es besteht ein großer Unterschied zwischen dem Wort des Gesandten und der Inspiration. Wie es sich auch immer verhält, Gott allein ist allwissend.‟

Im Zusammenhang mit dem „Geheimen Namen" oder dem „Großen Namen" *(ism Allâh al-A'zam)*, berichtet Ibn al-'Arabî in seiner Hagiographie *Der glänzende Stern der Ehrentitel Dhûlnûns* über die Taten und Werke des großen Mystikers Dhû al-Nûn al-Misrî (gest. 860): „Abû al-'Abbâs al-'Abbâsî bezeugt: Als sich die Menge (nach einem seiner Wunder) zerstreute, trat ich zu ihm und fragte ihn: ‚Ich sehe, daß du den hundertsten Namen besitzst.' ‚Laß mich', sagte er zu mir. ‚Ich lasse dich nicht eher, bis du ihn mir gesagt hast', entgegnete ich hartnäckig. Da wandte er sich zu mir um und sagte: ‚Mensch, sobald dein Herz geläutert ist, kannst du ihn nennen, wie du willst, und es wird der hundertste Name sein.' Auch Ahmad Ibn Saydabûn bringt eines Zeugnis: Ich befand mich bei ihm und fragte ihn, welches der Große Name Gottes sei. Er hob einen Stein auf und schleuderte ihn auf mich, ohne ein Wort zu sagen. Ich begriff: Sobald der Knecht aufrichtig und vollkommen geworden ist, dann!

Eine ähnliche Geschichte erzählt man von Abû Yazid al-Bistâmî, der gesagt haben soll: ‚Zeig mir den geringsten unter ihnen, dann werde ich dir den größten zeigen.' Dann rief er laut: ,Die Namen Gottes sind alle groß. Sei aber aufrichtig, dann kannst du jeden Namen wählen.'

Übrigens sagte auch Dschafar Sadeq: „Befreie dein Herz von allem, was nicht Gottes eingedenk ist. Dann ruf Gott mit irgendeinem Namen an, und das wird der ,Größte Name' sein."

Und zum Abschluß lesen wir noch eine Weisheit von al-Hallâdsch: „Ein Name, der ihn mit seiner Schöpfung zurückverbindet? Wieviele suchten eifrig danach, um diesen Namen seiner Wesenheit zu erfahren. Doch sind wir nicht in der Lage, von Gott unmittelbar auf etwas Geschaffenes überzugehen, das zwangsläufig denjenigen manifestiert, der dieses Geschaffene selbst kundgetan hat."

---

1 Ich erinnere daran, daß es unter den göttlichen Wesensattributen drei Hauptattribute (sifât-i nafsî) gibt: Leben, Einheit, eigene Fortdauer, und acht essentielle Attribute (sifât-i macnawî): Wissen, Macht, Wille, Hören, Sehen, Leben, Sprechen, Immanenz.

Tafel „Die Weisheit der Buchstaben"
'Ilm al-Abdschad

FEUER

أ	ه	ط	م	ف	(ش)ش	ذ
à 1	h 5	ṭ 9	m 40	f 80	s 300	dh 700

LUFT

ب	و	ى	ن	ظ	ت	ظ
b 2	ù 6	ì 10	n 50	zh 90	t 400	d 800

WASSER

ج	ز	ك	ص	ق	ث	غ
j 3	z 7	k 20	s 60	q 100	th 500	z 900

ERDE

د	ح	ل	ع	ر	خ	ش
d 4	h 8	l 30	' 70	r 200	kh 600	sh 1.000

Tafel „Die Weisheit der Buchstaben"

Abdschad hurûfât

ا	ب	ت	ث	ج	ح	خ
a	b	t	th	j	h	kh
1	2	400	500	3		600
د	ذ	ر	ز	س	ش	ص
d	dh	r	z	s	sh	ṣ
4	700	200	7	60	300	90
ض	ط	ظ	ع	غ	ف	ق
ḍ	ṭ	ẓ		gh	f	q
800	9	900	70	1.000	80	100
كٔ	ل	م	ن	ه	و	ي
k	l	m	n	h	u	i
20	30	40	50	5	6	10

Register